문화콘텐츠와
원형이론 강의

문화콘텐츠와
원형이론 강의

유제상 지음

컨텐츠
하우스

하늘 아래 새로운 문화콘텐츠는 없다

"보아라, 여기 새로운 것이 있구나!" 하더라도 믿지 마라.
그런 일은 우리가 나기 오래 전에 이미 있었던 일이다
(전도서 1장 18, 19).

'하늘 아래 새로운 것은 없다(There is nothing new under the sun).'
오랜 성경 구절에서 인용된 이 문장은 사실 문화콘텐츠에 있어서도 그
대로 적용된다.

오늘날 우리가 접하는 문화콘텐츠의 대부분은 과거의 작품에 영향을
받은 것이다. 유명 SF 영화인 〈스타워즈〉(Star Wars) 시리즈는 전통적
인 서부극과 일본의 찬바라(チャンバラ) 영화 그리고 SF 영화의 요소들
을 혼합하여 만들어진 것이다. 그리고 중세를 무대로 한 판타지 장르의
문화콘텐츠 대부분은 존 로널드 루엘 톨킨의 전설적인 소설 『반지의 제
왕』(The Lord of the Rings)과 게리 가이액스가 만든 TRPG(Table-talk
Role Playing Game)인 〈던전 앤 드래곤〉(Dungeons & Dragons)의 영
향을 받았다.

따라서 새로운 문화콘텐츠가 형성되는 데 있어서, 과거의 어떠한 요

소가 이에 영향을 미쳤는지를 확인하는 것은 적잖이 중요한 일이다. 예를 들어 국내에서 시트콤이라고 하는 장르의 인기를 견인한 첫 작품인 〈남자셋 여자셋〉(1996)은 익히 알려진 대로 미국 시트콤 〈프렌즈〉(Friends, 1994)의 영향을 받았다. 그리고 이들의 근원에는 전통적인 로맨틱 코미디 영화가 있다. 따라서 시트콤 장르가 지닌 특징이 어디서부터 시작된 것인지를 확인하려면 더스틴 호프만 주연의 영화 〈졸업〉(The Graduate, 1967)으로까지 거슬러 올라가야 한다.

이처럼 익히 알려진 문화콘텐츠의 근원에는 이에 영향을 미친 이전의 문화콘텐츠가 존재한다. 마셜 매클루언이 "이전 미디어는 다음 미디어의 내용(콘텐츠)이 된다"고 말한 것처럼 소설은 영화의 내용물로, 영화는 드라마나 게임의 내용물로 변화하며 오늘에 이르게 된다. 그렇다면 우리는 이런 의문을 가져볼 수 있을 것이다. '과연 사람들이 흥미를 가지는 문화콘텐츠의 공통분모는 무엇일까?' 문화콘텐츠는 대중문화의 성격을 띠므로 사람들의 흥미를 끌어야 한다. 그럼에도 불구하고, 인기를 얻는 문화콘텐츠는 언제나 불규칙하게 등장하기 때문에 그들의 공통분모를 찾기가 쉽지 않다. 따라서 우리는 지명도 있는 문화콘텐츠의 근원을 파고들 필요가 있다.

대중이 좋아하는 문화콘텐츠에는 분명 어떠한 공통분모가 존재할 것이며, 그 공통분모가 대중의 인기를 견인하는 데 적지 않은 역할을 할 것이기 때문이다.

이 책은 이러한 공통분모를 찾기 위하여 문화콘텐츠의 내적인 요소, 그 중에서도 스토리와 시각 이미지에 집중했다. 오늘날 우리가 즐기는 문화콘텐츠는 대부분 일정한 스토리를 지니고 있으며, 대중의 눈길을 사로잡기 위한 시각 이미지를 스토리와 함께 선보인다. 인기 문화콘텐츠 속 스토리와 시각 이미지의 공통분모를 찾는다면, 우리는 이를 다시 새로운 문화콘텐츠의 스토리와 시각 이미지로 활용할 수 있을 것이다. 이러한 일련의 과정을 수행하기 위하여 알아야 할 것이 바로 원형이론 이다.

원형이론은 수없이 많은 문화콘텐츠 속에 분산되어 있는 스토리와 시각 이미지를 분석하도록 돕는 일정한 기준을 제시한다. 이 책에서 주로 다루는 것이 바로 이러한 분석의 기준이 되는 틀인 '원형적 구조' 이다.

원형적 구조는 여러 문화콘텐츠가 지니고 있는 스토리와 시각 이미지상의 공통분모를 찾게 해준다. 그리고 이 공통분모가 어떤 이유로 인기 있는 문화콘텐츠에 자주 등장하는지를 알려준다. 뿐만 아니라 보편적인 익숙함을 제공하면서도, 색다른 흥미를 함께 선보일 수 있는 스토리의 흐름과 시각 이미지의 경향도 함께 제시해준다. 이후 이 책의 제5장에서 다룰 '분석틀을 활용한 기획 및 제작 전략'이 바로 이러한 내용들을 정리한 것이다.

이 책에는 문화콘텐츠와 원형이론의 상관관계를 분석하기 위하여 크게 세 학자의 이론이 언급되어 있다. 칼 구스타브 융, 질베르 뒤랑, 뤼시앵 보이아의 이론이 바로 그것이다. 원형이론은 인간의 보편 인식과 정서를 가정한 것이므로 때로는 그 내용이 난해하거나 허황된 것으로 여겨질 수도 있다. 따라서 필자는 세 학자의 이론을 가급적 군더더기

없이 정리하여, 이를 처음 접하는 사람도 어려움을 느끼지 않도록 집필하였다. 그러나 원형적 구조의 제시나 사례가 되는 문화콘텐츠 분석에 있어서는 아무래도 자의적인 해석이 가해질 수 있는 바, 이에 대해서는 미리 양해를 구하고자 한다. 비록 이 책이 수행하는 여러 시도에도 불구하고, 동시대적 텍스트인 문화콘텐츠가 품고 있는 비밀은 아직 완벽히 풀리지 않았다. 이 책은 그 비밀에 조금이라도 가까이 가고자 하는 작은 발걸음일 뿐이다.

Contents

Chapter 05 분석틀을 활용한 기획 및 제작 전략

[표기법에 관하여]

- 영화, 드라마, 게임 등의 영상콘텐츠는 〈 〉로 표기함.
- 소설, 만화 등 출판물은 『 』로 표기함.
- 원제와 제작연도를 ( ) 안에 표기함.
  예) 〈프렌즈〉(Friends, 1994)
- 원제는 해당 문화콘텐츠가 제작된 국가의 원래 제목을 따름.
- 제작연도는 해당 문화콘텐츠가 제작된 연도를 표기하되, TV 드라마나 TV 애니메이션, 연재만화 등 장기간 선보인 작품의 경우 최초 방영·연재 연도를 표기함.

* 이 책은 2013년 발표된 필자의 박사학위논문인 「원형이론을 활용한 콘텐츠 구성요소 분석틀에 관한 연구」를 단행본 서식에 맞게 수정한 것이다.

Chapter 1

서 론

Chapter 1

서 론

문화콘텐츠는 영화, 애니메이션, 음악, 게임, 캐릭터, 만화 등 다양한
세부장르를 지닌다. 각 장르들이 고유의 영역을 지님에도 불구하고 이
들을 하나로 묶어 문화콘텐츠로 부를 수 있는 것은, 디지털 기술의 발전
으로 인해 다양한 무형의 결과물을 하나의 플랫폼에서 제공할 수 있기
때문이다. 오늘날 우리가 사용하는 개인용 컴퓨터나 스마트 기기가 바
로 문화콘텐츠를 위한 통합 플랫폼이 된다. 따라서 이제 중요한 것은 어
떤 방식으로 대중에게 '공감대'와 '흥미'라는 이율배반적인 감정을 동시
에 전달할 수 있느냐의 문제이다. 흥미롭지 않은 문화콘텐츠가 도태된
다는 것은 굳이 말할 필요도 없다. 그러나 흥미가 지나치게 강조되어 이
질적인 느낌을 주는 문화콘텐츠는 수용자의 거부감을 불러일으킨다. 따
라서 우리는 수용자가 원하는 스토리와 시각 이미지가 무엇인지 확인할
필요가 있으며, 이들의 기저에 원형이 위치함을 알아야 한다. 이 책은
이러한 원형의 이론적 특징을 살펴보고 이를 활용하기 위해 집필되었다.

1. 공감대와 흥미를 확보하기 위한 원형

문화콘텐츠는 '미디어에 담긴 내용물'인 콘텐츠에 문화적인 요소를 가
미한 결과물을 일컫는 용어이다. 한국콘텐츠진흥원의 콘텐츠 산업 분류

에 따르면 문화콘텐츠는 영화, 애니메이션, 음악, 게임, 캐릭터, 만화, 패션문화, 출판(서적), 정기간행물, 방송, 광고 등의 다양한 세부장르를 포함한다. 각 장르들이 고유의 영역을 지니고 있음에도 불구하고, 이들이 문화콘텐츠라는 하나의 용어로 묶일 수 있는 이유는 디지털 기술의 발달로 문화상품의 제작과 유통, 그리고 향유 방식이 변했기 때문이다. 1990년대를 기점으로 개인용 컴퓨터의 보급이 늘어나면서 영화·음악·출판물을 비롯한 무형의 문화상품은 디지털 기술 아래 한데 묶이게 된다. 따라서 문화콘텐츠는 기술적 배경 아래 하나로 묶인 문화적 결과물이며, 문화콘텐츠학은 이들의 '공통분모를 찾는 작업'이라 할 수 있다.

그렇다면 이때의 공통분모란 과연 무엇일까? 이를 찾기 위해서는 문화콘텐츠가 대중문화 코드를 띠고 있음을 감안할 필요가 있다.[1] 문화콘텐츠는 대중문화적인 특징을 지님으로 인해, 익숙한 내용을 제시해 대중의 **공감대**를 확보해야 하면서도 기존의 것과 차별화된 **흥미**를 불러일으키는 이중적인 기능을 수행해야 한다. 이러한 공감대와 흥미는 새로운 문화콘텐츠가 만들어져 대중에게 널리 퍼지기 위해 지녀야하는 필수적인 요건이다. 따라서 문화콘텐츠에 관한 연구는 공감대와 흥미의 두 가지 측면을 어떻게 확보할 것인지에 대해서 꾸준히 고민해 왔다.

공감대와 흥미의 확보를 위한 요인은 문화콘텐츠 외적인 것과 내적인 것으로 나누어 살펴볼 수 있다. 먼저 문화콘텐츠 외적인 것에 관한 연구로 'CT(Culture Technology) 연구'와 '콘텐츠 산업론'을 들 수 있다. 이 중에서 CT 연구는 컴퓨터 그래픽 등을 포괄하여, 콘텐츠의 외형을 기술

---

1) 인문콘텐츠학회, 『문화콘텐츠 입문』, 북코리아, 2006, 11쪽.

적으로 구성하는 방법과 대중의 몰입을 형성하는 과정에 연구의 초점이 맞춰져 있다. 그리고 콘텐츠 산업론은 문화콘텐츠가 제작되는 프로세스와 더불어 이를 마케팅하는 방안을 중점적으로 다룬다. 각 연구는 문화콘텐츠의 외부적인 요인인 기술과 산업 시스템에 초점을 맞춰, 어떻게 하면 대중의 공감대와 흥미를 이끌어낼 수 있는지를 풀어낸다. 한편 문화콘텐츠 내적인 것에 관한 대표적인 연구로 '스토리텔링 연구'와 '콘텐츠 시각 이미지 연구'를 들 수 있다. 이는 스토리와 시각 이미지의 분석 및 활용방안에 관한 것으로 문화콘텐츠에 내재된 구성요소의 해석을 통해 문화콘텐츠의 지속 가능한 기획·제작·발전에 일조하였다.

이 책은 이러한 공감대와 흥미 확보 요인 중에서 문화콘텐츠 내적인 것에 주목하였다. 이는 문화콘텐츠가 어떠한 내적인 구성요소에 기반을 두고 형성되어 대중의 공감대와 흥미를 확보하는지 살펴보는 것이다. 이러한 문화콘텐츠의 내적 구성요소로는 읽기 행위에 기반을 둔 **스토리**와 보기 행위에 기반을 둔 **시각 이미지**를 들 수 있다. 읽기 행위와 보기 행위를 기준으로 내적 구성요소를 나누는 것은 아리스토텔레스가 비극의 구성요소로 '언어적인 것'과 '시각적 장면의 장치'를 제시하거나[2] 데이비드 보드웰(David Bordwell)과 크리스틴 톰슨(Kristin Thompson)이 영화 형식의 두 체계로 스토리 중심의 '서사체(narrative)'와 장면 위주의 '비서사형식 체계(non-narrative formal systems)'를 제시한 것[3]과

---

[2] 아리스토텔레스, 『시학』, 이상섭 옮김, 문학과지성사, 2005, 28쪽.

[3] D. 보드웰·K. 톰슨, 『영화예술』, 주진숙·이용관 옮김, 이론과실천, 1993, 96, 140쪽 참조.

같은 맥락의 구분이다.

두 가지 내적 구성요소 중에서 읽기 행위 기반의 스토리가 문자 텍스트를 기반으로 인물, 사건, 배경의 세부적인 정보를 전달한다면, 보기 행위 기반의 시각 이미지는 스토리를 시각화하여 수용자에게 보여주는 역할을 한다. 물론 여기에 언어나 음악으로 표현되는 청각적인 요소를 함께 언급할 수 있을 것이다. 그러나 문화콘텐츠에 속하는 결과물 중에는 청각적인 요소가 사용되지 않는 만화나 출판물 등이 존재한다. 또한 영상콘텐츠 중에서도 무성영화의 경우처럼 청각적인 요소가 포함되지 않는 것이 있다. 따라서 스토리와 시각 이미지만이 대부분의 문화콘텐츠에서 발견할 수 있는 가장 기본적인 내적 구성요소가 된다.

우리는 스토리와 시각 이미지가 지니는 정의 및 특징을 상세히 밝히기 위하여, 이들의 근저에 존재하는 '원형'을 짚고 넘어갈 필요가 있다. 원형은 스토리 창작의 핵심인 모티프(motif)와 시각 이미지 창작의 근본이 되는 상징(symbol)을 형성 가능하게 한다. 칼 구스타브 융(Carl Gustav Jung)이나 미르체아 엘리아데(Mircea Eliade)가 이 개념을 언급한 것은 '집단적 무의식의 내용'이자 '본보기가 되는 사건'을 통해 인간 행위 전반의 근거를 밝히기 위함이었다. 그러나 원형은 인간의 원초적 행위뿐만 아니라, 문화적 행위의 공통된 근원을 일컫는 의미 또한 지니고 있다. 따라서 원형은 우리에게 문화가 지닌 '공통된 유산(l'héritage partagé)'이 그것들의 '특수성(spécificité)'보다 더 본질적이라는 점을 알려준다.[4]

---

4) L. Boia, *Pour une histoire de l'imaginaire*, Les Belles Lettres, 1998, 114쪽.

뿐만 아니라 원형은 문화콘텐츠의 기획, 제작, 분석에 기준을 제시해준다. 왜냐하면 원형이란 시대와 지역 그리고 개별 미디어의 형태에 구애받지 않는 문화적 행위의 공통분모이기 때문이다. 원형은 각각의 문화콘텐츠가 제작된 지역과 시대가 서로 다르더라도, 그것이 인간에 의해 만들어진 문화적 텍스트이기에 지니는 '공통된 특성'이 무엇인지를 밝혀준다. 또한 원형은 우리가 원소스 멀티유즈(One Source Multi Use, 이하 OSMU)로 부르는 다양한 콘텐츠 변용(變容)을 이끌어낼 수 있는 보편성을 띤 핵심이 된다. 따라서 원형은 문화콘텐츠의 세부적인 분류가 영화, 만화, 애니메이션, 게임 등 서로 다른 미디어의 형태를 띠더라도, 이를 하나로 묶어낼 수 있는 이론적인 근거가 된다. 그리고 원형은 문화콘텐츠의 기획, 제작, 분석이 지니는 보편적인 특성이 무엇이며, 그 속에 내재된 스토리와 시각 이미지라는 내적인 구성요소가 지니는 의미는 무엇인지를 밝혀주는 기준이 된다.

국내 문화콘텐츠학자들도 일찍이 원형에 주목하여 '문화원형'이라는 연구 주제를 통해 이를 다룬 바 있다. 문화원형에 관한 연구는 대중적인 인기를 모은 문화콘텐츠 상당수가 신화·민담·설화와 의·식·주, 세시풍속 등에 기반을 둔 문화원형을 활용했다는 점에 착안하여 진행되었다. 따라서 문화원형 연구는 문화콘텐츠의 내적 구성요소가 원형에서 발생된 것으로 보고, 원형을 중심으로 문화콘텐츠의 기획, 제작, 분석의 이론화를 시도했다는 점에서 이 책이 주목한 바와 동일한 의미를 지닌다. 다만 기존의 문화원형 연구는 그 시각을 국내의 문화적 요소, 그중에서도 '전통문화'로 한정했다는 점에서 어느 정도 한계를 지닌다.

오늘날 우리는 다양한 국가에서 제작된 문화콘텐츠를 접하고 있다. 그리고 각각의 문화콘텐츠는 그들이 제작된 지역문화의 영향을 받으면서도, 국가 간의 거래가 가능하도록 국제적인 표준을 가급적 따르고 있다. 국내에서 제작된 애니메이션의 캐릭터 이름이 영어로 되어있다든지, 세계시장을 노린 영화가 특정한 지역에서만 통하는 유머를 자제하는 것이 바로 이러한 이유에서이다. 따라서 어떤 문화콘텐츠가 지역의 한계를 뛰어넘어 널리 통용되려면 각국의 수용자가 지닌 인식이 맞닿는 지점이 존재해야 한다. 바로 이 지점이 원형에 근원을 두고 생성되어 수용자의 공감대와 흥미를 확보하는 내적 구성요소이다. 따라서 문화콘텐츠의 내적 구성요소에 대한 논의를 심화하기 위해서는, 지역성의 제약에서 벗어나 인간의 보편적인 측면을 언급한 원형이론을 검토할 필요가 있다.

이를 위해 필자가 주목한 것이 바로 뤼시앵 보이아(Lucian Boia)의 원형이론이다. 보이아는 원형을 인간의 본질적인 성향이자 일종의 거푸집(moule)으로 보았다.[5] 이러한 정의 아래 그는 역사 속에서 반복되는 사건을 여러 개의 구조들로 유형화하여 원형과 문화의 접점을 만들었다. 이러한 보이아의 원형이론은 선대 연구자인 융과 질베르 뒤랑(Gilbert Durand)의 이론을 참조한 것으로, 지역을 넘나드는 **보편성**과 시대를 초월하여 반복되는 **재귀성** 그리고 인간 행위의 변화를 이끌어내는 **역동성**을 지니고 있다. 이러한 원형의 세 가지 특성은 기존 원형이론과 보이아의 원형이론에 공통적으로 내재된 것으로, 원형이론을 하나

---

5) 위의 책, 17쪽.

로 묶어 설명 가능하게 하는 접점이 된다.

그렇다면 원형의 보편성, 재귀성, 역동성은 각각 어떠한 특징을 지니고 있을까? 우선 원형의 보편성은 지역을 초월하여 대중이 공감할 수 있는 스토리와 시각 이미지가 무엇인지를 밝혀준다. 그리고 원형의 재귀성은 이러한 스토리와 시각 이미지가 한 시대에 머무르는 것이 아니라, 장기간에 걸쳐 끊임없이 재활용되고 있음을 설명해준다. 그리고 원형의 역동성은 OSMU의 원동력이 되어 어떤 스토리와 시각 이미지가 동시대인의 흥미를 자극하는지 보여준다. 따라서 보이아의 원형 이론을 참조해 문화콘텐츠의 내적 구성요소를 분석하면, 대중의 공감대와 흥미를 확보하는 요인이 무엇인지 밝혀낼 수 있다.

이상의 내용을 정리하면 다음과 같다. 문화콘텐츠는 대중문화 코드를 지니고 있어 대중의 공감대와 흥미를 확보할 필요가 있다. 이 책은 이러한 공감대와 흥미의 확보 요인을 스토리와 시각 이미지로 보고 이를 원형이론으로 분석해 그 특징을 도출한다. 원형이론을 활용한 내적 구성요소 분석은 곧 문화콘텐츠 속에서 자주 발견되는 스토리와 시각 이미지가 어떤 의미를 지니고 있는지 밝히는 작업이다. 따라서 이러한 분석 작업의 결과물은 문화콘텐츠 기획, 제작, 분석에 활용될 수 있다. 따라서 이후 펼쳐질 이 책의 내용은, 원형이 지역과 시대 그리고 미디어의 형태 구분에 구애받지 않는 문화콘텐츠의 공감대 및 흥미 확보 요인을 밝히는 데 중요한 근거가 됨을 확인하는 것이다.

▋2.▏ 연구 방법론

이 책은 보이아의 원형이론을 주로 다루지만, 그의 이론을 이해하기 위해서는 우선 이에 앞선 원형에 관한 논의를 확인할 필요가 있다. 따라서 보이아의 원형이론 형성에 영향을 미친 융과 뒤랑의 이론을 먼저 살펴본다. 이들이 정의 내린 원형의 특징은 다음과 같다.

융은 분석심리학이라는 학문적 영역 안에서 인간 행위의 공통분모를 집단적 무의식으로 규정하고, 그 근저에 원형이 있다고 보았다. 그는 원형을 집단적 무의식 속의 '원형 그 자체'와 이미지 및 상징을 통해 인간이 인식 가능한 '원형의 재현'으로 구분해 각각의 개념을 정립했다.6)

뒤랑은 융의 이론을 심화시켜, 원형을 인간 행위의 모체로 두고 인종·지역·시대의 차이를 넘어서는 '인간 본연의 모습'을 설명하기 위한 개념으로 활용하였다. 그는 자신의 이론에 근거를 제시하기 위하여 인간이면 누구나 지니고 있는 공통점인 자세제어·교접·섭취의 세 가지 행위를 원형의 시작 지점으로 언급했다. 이 기본적인 행위는 도식, 실사적·형용사적 원형, 상징과 같은 원형의 층위를 이루는 기준이 된다.7)

이러한 융과 뒤랑의 이론을 통해 우리는 원형의 개념과 체계를 확인할 수 있다. 그리고 이들의 이론이 계승되어 발전된 것이 바로 보이아

---

6) C.G. 융, 『융 기본 저작집 2 원형과 무의식』, 한국융연구원 C.G. 융 저작 번역 위원회 옮김, 솔출판사, 2002, 165쪽 참조.

7) G. Durand, *Les Structures anthropologiques de l'imaginaire*, P.U.F., 1960, 47~49쪽 참조.

의 원형이론이다. 보이아는 선행연구를 이어 받아 문화에 원형이 어떠한 방식으로 계승되었는지를 밝힘으로써, 원형과 문화콘텐츠가 만날 수 있는 접점을 제시해 주었다. 그는 융에 대한 비판적인 검토와 더불어 뒤랑의 체계화된 개념을 수용하여 원형을 '보편적인 모태'로, 상징을 '개인화되고 유동적인 원형'으로 보았다. 아울러 보이아는 뒤랑이 제시한 원형의 층위를 참조해 '여덟 개의 원형적 구조(Huit structures archétypales, 이하 여덟 구조)'라 명명된 문화적 현상의 분석틀을 도출했다. 이는 특정한 역사적 사건의 원인과 결과가 어떠한 공통분모를 지니고 있는지를 분석해 여덟 개의 모델로 유형화한 것이다.[8]

이 책은 이러한 융과 뒤랑, 보이아의 원형이론을 참조해 '원형 중심의 문화콘텐츠 내적 구성요소 분석틀'을 작성한다. 이 분석틀은 융이 언급한 원형의 기초적인 개념과 뒤랑이 제시한 원형의 체계화 그리고 보이아가 선보인 여덟 구조를 참조한 것으로, 다음의 절차를 거쳐 구성된다.

우선 보이아 원형이론의 핵심인 여덟 구조를 기·승·전·결의 순서로 재배치한다. 이러한 기·승·전·결의 재배치는 전통적인 시의 창작 과정을 모방한 것으로 스토리와 시각 이미지가 발현되는 순서이자, 이들이 순환하여 새로운 문화콘텐츠 탄생의 밑거름이 되는 모습을 간략화한 것이다. 기·승·전·결의 순서로 재배치된 각 **구조**는 기원구조 (기), 탈주구조(승), 대립구조(전), 통일구조(결)로 명명된다. 그리고 각 각의 구조는 그것의 특징을 나타내는 **유형**을 지닌다. 이 유형은 스토리와 시각 이미지의 전개 과정을 설명하는 역할을 한다. 아울러 유형 아

---

8) L. Boia, 앞의 책, 1998, 24쪽 참조.

래 일정한 **행위**와 **상징**이 속하게 되는데, 이들 중에서 행위는 유형을 지지하는 행위자(문화콘텐츠 속 캐릭터)의 행동양식을 나타내는 것이고, 상징은 행위자 또는 행위의 결과물을 일컫는다.

이처럼 원형적 구조/유형/행위/상징으로 구성된 분석틀은 문화콘텐츠 속 스토리와 시각 이미지가 지니는 의미를 밝혀준다. 그리고 이 분석틀을 기준으로, 우리는 어떠한 스토리나 시각 이미지가 수용자의 공감대와 흥미를 확보하는지 확인할 수 있다. 다만 문화콘텐츠는 영화, 애니메이션, 음악, 게임, 캐릭터, 만화, 패션문화, 출판(서적), 정기간행물, 방송, 광고 등의 다양한 미디어 형태로 발현되므로 이들을 하나의 연구에서 모두 다루기란 쉽지 않다. 따라서 연구의 효율성을 높이기 위한 연구대상의 선별이 필요하다.

3. 연구대상의 선정

■ 미디어 형태에 따른 선정

연구대상의 선정은 크게 '미디어 형태에 따른 선별'과 '개별 콘텐츠의 선별'로 나누어진다. 이들 중에서 미디어 형태에 따른 선별이 스토리와 시각 이미지의 동등한 제시와 미디어 간의 상호인접성 여부를 살펴보는 것이라면, 개별 콘텐츠의 선별은 깊이 분석할 만한 가치가 있는 문화콘텐츠를 찾는 것이다. 연구대상의 선정 기준은 다음의 표를 따른다.

표 1.1. 연구대상의 선정 기분

미디어 형태에 따른 선정 기준	
기준 i)	스토리와 시각 이미지가 동등하게 제시되었는가
기준 ii)	미디어 형태가 상호인접성을 지니는가
개별 콘텐츠의 선정 기준	
기준 iii)	대중의 호응을 얻은 문화콘텐츠인가
기준 iv)	장르를 대표하는 의미와 가치를 지닌 문화콘텐츠인가

표 1.1.의 기준 i)은 공감대와 흥미를 확보하는 문화콘텐츠의 내적 구성 요소를 스토리와 시각 이미지로 보았기 때문에 설정된 것이다. 분석대상 이 되는 장르는 보기 행위가 읽기 행위만큼 진지한 문제가 되는 시각문화 의 일종이어야 한다. 그리고 기준 ii)는 디지털 기술을 통해 복수의 문화 적 텍스트가 통합되어 창조된 '미디어 컨버전스(media convergence)'를 염두에 둔 것이다.

기준 i)을 만족하는 문화콘텐츠로 우리는 다양한 예시를 들 수 있다. 영화, 만화, 애니메이션, 게임뿐만 아니라 방송과 공연, 심지어 음반의 북클릿(booklet)도 일정한 보기 행위를 수반한다. 다만 기준 ii)를 만족 시키는 문화콘텐츠는 어느 정도 한정되는데, 이는 오늘날의 미디어 환 경에서 텍스트와 시청각 자료들의 혼합이 일어나고 있음에도 불구하고, 이상적인 형태의 문화콘텐츠 프랜차이즈를 구축하는 데 적합한 미디어 형태는 한정적이기 때문이다.

헨리 젠킨스는 영화 〈매트릭스〉(The Matrix) 시리즈 분석을 통해, 미디어 컨버전스가 영화·만화·애니메이션·게임을 중심으로 전개된다고 언급한 바 있다. 〈매트릭스〉와 관련된 영화·만화·애니메이션·게임의 미디어 컨버전스는 신화에 바탕을 둔 반복해서 나타나는 모티프를 통해, 수용자가 자신만의 판타지를 구축할 수 있는 자원을 제공해 준다.9) 각각의 문화콘텐츠는 독립적인 역할을 수행하면서도 영화 〈매트릭스〉를 즐기는데 단서가 되는 사이드 스토리(side story)와 시각 이미지를 제공한다. 일례로 〈매트릭스〉와 관련된 만화는 영화에서 다루지 못한 세부적인 사건을 보여준다. 그리고 애니메이션인 〈애니매트릭스〉(The Animatrix , 2003)는 영화 속에서 중요한 사건으로 언급되면서도 실제로 영화에서는 보여주지 못한 '인간과 기계의 전면전'을 다룬다. 게임 〈엔터 더 매트릭스〉(Enter the Matrix, 2003)는 영화의 조연인 나이오비와 고스트를 주연으로 삼으며 스토리를 전개하여 〈매트릭스〉의 세계관 설정을 공고히 한다. 따라서 영화 〈매트릭스〉를 원전으로 삼는 기타 장르 중에서 "주변적인 것은 없다."10) 이러한 젠킨스의 설명을 통하여 우리는 영화·만화·애니메이션·게임이 강한 상호인접성을 지님을 확인할 수 있다.

영화·만화·애니메이션·게임은 i)의 기준 또한 충족시킨다. 이들은 시각문화의 일종으로 시각 이미지를 중요한 전달 수단으로 삼는다. 이때의 시각 이미지란 원형이 우리의 의식 안에서 재현(représenté)되어 나타난 것이다. 아울러 영화·만화·애니메이션·게임은 구체적인 스토리 또한 지니고 있다. 이 스토리는 그것이 현실 속 사건에 기반을 둔

---

9) H. 젠킨스, 『컨버전스 컬처』, 비즈앤비즈, 2008, 151쪽.

10) 위의 책, 166쪽.

것이든 혹은 온전히 창작된 것이든 간에, 그 근저에 원형을 두고 있다. 그렇기에 원형은 서로 다른 미디어 형태를 띤 문화콘텐츠를 분석하는 공통된 근거가 된다.

따라서 본 책에서는 스토리와 시각 이미지가 동시에 발현되고, 서로 인접한 미디어 형태를 지닌 영화·만화·애니메이션·게임을 중점적인 분석 대상으로 삼는다. 아울러 이들 외에도 드라마나 예능 프로그램과 같은 방송콘텐츠가 함께 언급될 것인데, 이는 방송콘텐츠가 영화의 연장선상에 있는 시각문화의 일종으로 일상생활의 전 영역에 깊이 뿌리박혀 있기 때문이다.[11]

■ 개별 콘텐츠의 선정

미디어 형태에 따른 선정과 더불어 깊이 분석할 만한 가치를 지닌 문화콘텐츠의 선정이 필요하다. 이러한 선정은 문화콘텐츠 기획 및 제작에 도움이 될 구체적인 사례 분석의 대상을 찾는 작업이다. 이를 위하여 미디어 형태별로 한 편씩 개별 작품을 선정할 것인데, 그 기준은 표 1.1.의 기준 iii), 기준 iv)와 같다.

이들 중 기준 iii)은 대중이 자주 찾는 지명도 있는 문화콘텐츠를 선정하기 위한 것으로 수상경력, 평론가의 비평, 미디어 컨버전스 횟수, 콘텐츠 프랜차이즈 구성, 판매량 등이 그 근거가 된다. 그리고 기준 iv)는 특정한 미디어의 특징을 지니면서도 오직 해당 사례에서만 발견되는 고유의 의미와 가치를 지니고 있는지를 평가하는 것이다. 따라서 기

---

11) C. 젠크스, 『시각문화』, 이호준 옮김, 예영커뮤니케이션, 2004, 276, 279쪽.

준 iii)이 사례 선정에 대한 대중의 인기에 바탕을 둔 콘텐츠 외적 기준이라면, 기준 iv)는 내적 구성요소를 통해 도출되는 콘텐츠 내적 기준이라 하겠다. 이러한 기준을 바탕으로 선정한 문화콘텐츠가 영화 〈클라우드 아틀라스〉(Cloud Atlas, 2012), 만화 『공포의 외인구단』(1983), 애니메이션 〈돼지의 왕〉(2011), 게임 〈폴아웃 3〉(Fallout3, 2008)이다. 각 문화콘텐츠의 선정 이유를 정리하면 다음과 같다.

영화 〈클라우드 아틀라스〉는 동명의 소설을 원작으로 삼는 문화콘텐츠로, 배우 중심의 시각 이미지 형성으로 인해 오직 영화만이 구현 가능한 시각적 기교를 선보이며 다수 평론가의 주목을 받았다. 그리고 이 영화는 선형적인 스토리를 지니면서도 관객이 줄거리와 캐릭터를 결정지을 수 있는 분산된 스토리텔링 트렌드를 보여준다. 우리는 〈클라우드 아틀라스〉를 분석함으로써 흡사 게임과 같은 뉴미디어처럼 분산된 스토리를 전달하려는 최근 영화의 트렌드를 확인할 수 있다.

만화 『공포의 외인구단』은 뿌리 깊은 모성 콤플렉스에 사로잡힌 주인공 오혜성을 내세워 1980년대 큰 인기를 얻은 작품이다. 이 만화는 자본주의적 헤게모니를 반영한 '근면의 신화'와 만화 장르적 기법에서 오는 '카타르시스의 과잉'을 동시에 제시하며 당대에 큰 호응을 얻었다. 아울러 『공포의 외인구단』은 영화·만화·방송콘텐츠 등으로 OSMU되며 만화도 대중문화의 선도자 역할을 할 수 있음을 보여주었다.

애니메이션 〈돼지의 왕〉은 아동용이 아니면 애니메이션을 만들지 못하던[12] 국내 현실 속에서 성인을 대상으로 제작되어 2011년 제16회 부

---

12) 한국독립영화협회, 「돼지의 왕」, 『48회 독립영화 쇼케이스』 간행물, 2012, 91쪽.

산국제영화제 넷팩상, 제16회 판타지아 영화제 베스트 애니메이션 영화상 등 주요 영화상을 수상하며 관객들의 뇌리에 깊은 인상을 남긴 작품이다. 〈돼지의 왕〉은 시각 이미지의 대립을 동물 상징 중심으로 표현하는 장르적 기법을 선보인다. 그리고 이 애니메이션은 계급사회의 축소판인 학교를 공간적 배경으로 제시하여, 수용자의 사회적인 경험을 애니메이션 관람을 통해 다시금 상기시키는 특징을 지닌다.

게임 〈폴아웃 3〉는 2008년 발매 이후 다수의 웹진에서 '올해의 게임(Game Of The Year, 약칭 GOTY)'을 수상하며 2009년 말까지 총 500만장의 판매고를 기록한 작품이다. 이 게임은 상호작용성에 기인하여 수용자가 인식 가능한 가상세계를 설정하는 데 있어서 적지 않은 공을 들였다. 그럼에도 불구하고 메인 스토리는 전통적인 '영웅의 모험'을 다룬다. 〈폴아웃 3〉는 수용자가 게임과 같은 뉴미디어에 있어서도 전통적인 줄거리를 선호한다는 것을 보여주는 사례이다.

각 사례의 분석 결과는 문화콘텐츠 내적 구성요소의 일정한 트렌드를 반영하고 있다. 이를 스토리와 시각 이미지별로, 또는 분석틀에 해당되는 원형적 구조별로 정리할 수 있다. 이후 살펴볼 내용이지만, 이러한 정리의 결과 우리는 수용자의 공감대를 자아내는 스토리와 시각 이미지는 기원구조 및 대립구조의 영향 아래 놓여 있으며, 흥미를 자아내는 스토리와 시각 이미지는 탈주구조 및 통일구조에 속함을 확인할 수 있다. 이에 대한 자세한 내용과 그 활용방안은 제5장 콘텐츠 분석틀을 활용한 기획 및 제작 전략에서 제시한다.

▌4. 어떤 내용을 다룰 것인가

본 책은 제1장 이후에 다음과 같은 내용을 담고 있다. 우선 제2장에서는 기존 원형이론 중 융과 뒤랑 그리고 보이아의 이론을 검토하고 각각의 특징과 더불어 이들이 어떤 공통분모를 지니고 있는지 살펴본다. 융의 원형이론이 원형 개념을 정의 했다면, 뒤랑은 발생순서에 따른 원형의 층위를 언급하여 원형을 체계화했다. 그리고 보이아는 여덟 구조를 통해 역사 속에 자주 발견되는 사건의 유형을 제시했다. 융과 뒤랑 그리고 보이아의 이론은 원형의 특성인 보편성, 재귀성, 역동성의 측면에서 공통분모를 지닌다. 이러한 기존 원형이론의 내용을 참조하여 기·승·전·결의 순환구조로 보이아의 여덟 구조를 재배치한 것이 바로 **문화콘텐츠 내적 구성요소 분석틀**이다. 틀 속의 원형적 구조는 유형, 행위, 상징을 포함하며, 이들은 문화콘텐츠 내적 구성요소의 분석 기준이 된다.

제3장에서는 제2장에서 도출한 분석틀 속 원형적 구조의 정의와 그 구성요소를 상세히 서술한다. 이 책에서 제시하는 원형적 구조는 기원구조(기), 탈주구조(승), 대립구조(전), 통일구조(결)의 네 가지이다. 이들 중 기원구조는 개인 또는 공동체의 기원이 지니는 현재적 가치를 밝히는 것이다. 그리고 탈주구조는 주어진 질서나 정황에 대한 저항 의지를 담고 있다. 아울러 대립구조는 주체와 타자의 적극적인 대립과 투쟁 그리고 상호보완을 다룬다. 마지막으로 통일구조는 문화콘텐츠 안팎에 안정감을 부여하는 것으로, 내적으로는 스토리 및 시각 이미지를 완결

지으며 외적으로는 OSMU의 성공적인 수행에 관여한다. 각 원형적 구조의 세부 내용은 이후 제4장에서 진행될 문화콘텐츠 사례 분석의 근거가 된다.

제4장에서는 앞서 제3장에서 도출한 문화콘텐츠 내적 구성요소 분석틀을 바탕으로 개별 문화콘텐츠 분석을 진행한다. 이때 분석의 대상이 되는 문화콘텐츠는 영화〈클라우드 아틀라스〉, 만화『공포의 외인구단』, 애니메이션〈돼지의 왕〉, 게임〈폴아웃 3〉이다. 특히 제4장은 내적 구성요소 분석틀을 통해 문화콘텐츠 속 스토리와 시각 이미지가 어떤 역할을 하는지 밝히는 데 주력한다. 왜냐하면 이러한 작업은 유형, 행위, 상징의 세부적인 분석기준 아래 수용자가 공감대와 흥미를 느끼는 내적 구성요소란 무엇인지를 밝혀주는 역할을 하기 때문이다.

제5장에서는 사례분석을 통해 도출된 내용을 정리해 원형적 구조를 활용한 문화콘텐츠 기획 및 제작 전략을 수립한다. 각 전략은 스토리와 시각 이미지의 두 측면으로 나누어진다. 이들 중 **스토리 전략**이 문화콘텐츠를 위한 모범적인 스토리 흐름을 제시한다면, **시각 이미지 전략**은 문화콘텐츠에 도움이 되는 시각 이미지의 일정한 트렌드를 보여준다. 아울러 분석결과의 정리를 통해 우리는 각각의 원형적 구조가 지니고 있는 **기획 및 제작의 전략** 또한 확인할 수 있다. 이를 간략하게 설명한다면, 기원구조와 대립구조는 수용자의 공감대 형성에 관여하고, 탈주구조와 통일구조는 새로운 내용 전개를 불러 일으켜 흥미를 만들어낸다는 것이다.

이 책이 다루는 내용은 문화콘텐츠의 아주 작은 부분들이다. 따라서 설령 원형 개념을 내세운다고 해도, 이 책에서 정리한 분석틀이 모든 문화콘텐츠에 완벽하게 적용될 수는 없을 것이다. 다만 우리는 원형적 구조를 통해 반복적으로 보이는 문화콘텐츠의 트렌드를 감지할 수 있다. 따라서 이 책은 제4장에서 다루는 문화콘텐츠를 위시로 다양한 사례들을 함께 제시할 것이다. 어떤 사례들은 매우 유명하여 제목만으로도 어떤 내용인지 짐작이 가능하지만, 어떤 사례들은 지나치게 생소하여 내용을 이해하는 데 별 도움이 되지 않을 수도 있다. 그런 경우에는 부록으로 수록된 **이 책에서 다루어진 문화콘텐츠 일람**을 참조하기 바란다. 지명도 차이에도 불구하고 다양한 사례를 다루는 이유는, 이 책이 '과거의 사례'를 원형이론에 대입함으로써 '현재의 분석결과'를 손에 넣어 종국에는 '미래의 경향 변화'에 대비하는 책이기 때문이다.

Chapter 2

원형이론과 콘텐츠 분석틀

Chapter 2

원형이론과 콘텐츠 분석틀

본 장에서는 보이아의 이론을 중심으로 기존 원형이론이 지니는 특징을 확인하여 이를 어떻게 분석틀로 활용할 것인지 살펴본다. 앞서 언급한 바와 같이 보이아의 원형이론은 융과 뒤랑의 원형이론을 참조한 것이다. 융이 원형 개념의 기준점을 제시했다면, 뒤랑은 원형을 발생 순서에 따라서 체계화하였다. 그리고 보이아는 자신의 이론에 앞선 연구를 반영하여 '여덟 구조'라는 문화분석틀을 제공했다. 이러한 보이아의 이론은 원형을 고정된 틀이 아닌, 동시대의 문화를 해석할 수 있는 유연한 개념으로 자리매김하도록 돕는다.

본 장의 말미에 언급될 문화콘텐츠 내적 구성요소 분석틀은 이러한 보이아의 여덟 구조를 재구성한 것이다. 이 분석틀은 지역과 시대를 넘나들며 공감대를 확보하면서도 수용자의 흥미를 끌 수 있는 문화콘텐츠가 어떠한 스토리와 시각 이미지를 지니고 있는지 밝혀주는 단서가 된다. 그럼 먼저 융과 뒤랑의 이론을 검토하여 보이아가 어떤 주춧돌을 발판으로 삼아 자신의 의견으로 나아갔는지 살펴보자.

1. 분석 도구로서의 원형이론

1) 원형의 개념 형성: 칼 구스타브 융

문화콘텐츠 분석틀을 구성하기 위한 원형이론 검토에 있어서, 먼저 살펴보아야 할 것은 서구 원형이론의 근간을 제시한 융의 이론이다. 융의 원형 개념 형성에 중요한 역할을 담당한 것은 바로 플라톤으로, 그의 말에 따르면 "원형은 플라톤의 에이도스(eidos)를 설명할 수 있도록 다른 말로 바꾸어 쓴 것"이다.[13] 융에게 있어서 원형이란 고대의 원초적 유형이자, 고대부터 존재해온 '보편적 상(象)'인 에이도스와 유사한 의미를 지닌다. 다만 융은 원형에 '집단무의식(collective unconsciousness)' 개념을 도입하여 분석심리학적인 의미를 부여했다. 그는 무의식에 '집단적'이라는 수식어를 사용했는데 그 이유는 집단무의식이 다수의 개인에게 공통적으로 발견되는 특징을 지니고 있기 때문이다.

융이 원형의 배경으로 내세운 집단무의식은 밀폐된 개인적 체계가 아니라, 전 세계적으로 열려 있는 객관성을 지닌다.[14] 그에 따르면 '표면에 있는 무의식'은 명백히 개인적이다. 그러나 이러한 개인무의식은 태어날 때부터 있는 더 깊은 층의 토대 위에 있다. 이때의 더 깊은 층이 바로 집단무의식이다. 개인무의식의 내용이 주로 정감이 강조된 콤플렉스로 이루어진 반면에, 집단무의식의 내용은 원형들로 이루어져 있다. 따라서 융은 원형을 집단무의식의 주된 내용물로 보았다.

---

13) C.G. 융, 앞의 책, 2002, 107쪽.
14) 위의 책, 128쪽.

융은 이러한 원형이 표출된 사례로 신화나 민담을 들었다. 그러나 그에 따르면 신화와 민담 또한 오랜 세월에 걸쳐 굳어진 특정한 형태들이다. 원형은 아직 의식의 가공을 받지 않은, 또한 그렇기에 직접적인 정신의 소여성(所與性)을 나타내는 내용만을 표시한다.15) 이를 '원형 그 자체'로 가정한다면, 원형 그 자체는 경험할 수 없으며 의식에 포착되지도 않는다. 우리가 인식할 수 있는 것은 잠재적인 원형 그 자체가 현실화되고 지각이 가능해져 의식의 영역으로 들어온 '원형의 재현'뿐이다. 이러한 원형의 재현에 대한 사례로 우리는 이미지와 상징을 들 수 있다.

원형 그 자체는 집단적 무의식의 실체를 설명하는 데 어려움이 존재하여 이후 학자들에게 받아들여지지 않거나 혹은 증명 불가능한 것으로 치부되기도 했다. 뒤랑 또한 자신의 원형 개념을 원형의 재현 또는 '원형적 이미지(archétypale image)'로 칭하여 원형 그 자체에 대한 연구를 진행한 것이 아님을 간접적으로 내비쳤다.

다만 융의 이론을 통해서 우리는 이후 전개될 원형이론에 대한 단서를 찾을 수 있다. 그는 원형을 통해 삶에 존재하는 보편적인 상황을 규명하려 했다.16) 융은 인간의 본능과 원형의 상관관계를 설명하면서 "본능은 원형에 전적으로 상응한다. 너무도 비슷해서 원형이 본능 그 자체의 모상이라고 가정할 정도"라고 언급한 바 있다. 따라서 융은 원형이 "본능적인 행동의 기본틀을 마련한다"고 설명하였다.17) 이러한 원형과

---

15) 위의 책, 109쪽.

16) 위의 책, 163쪽.

17) 위의 책, 157쪽.

본능의 상관관계는 이후 뒤랑에게 전파되어 그가 인간의 생물학적 본능이라 할 수 있는 '반사적 행동'에 기반을 둔 원형이론을 전개하는 데 영향을 미친다.

2) 원형의 체계화: 질베르 뒤랑

융의 원형이론 다음으로 살펴볼 것은 그의 원형 개념을 받아들여 이를 심화시킨 뒤랑의 원형이론이다. 뒤랑의 이론은 인간 동일성에 대한 확인에서부터 출발한다. 그는 인간의 동일성이 펼쳐지는 장을 상상의 세계인 '상상계(l'maginaire)'로 가정하고 그것의 구조와 체계를 밝히는 데 집중했다. 융이 분석심리학을 토대로 꿈 중심의 원형 해석을 시도했다면, 뒤랑은 신화·설화·민담과 문학작품, 심지어는 고전음악 등의 다양한 사례를 들며 원형에 대한 해설을 시도했다.

뒤랑은 원형의 해석을 위하여 도식, 원형, 상징으로 이어지는 체계를 선보였다. 그가 제시한 도식, 원형, 상징은 원형을 이해하기 위한 기초적인 단위이자, 발생 순서에 따른 상상계의 구성요소들이다. 먼저 '도식(schème)'은 이미지를 역동적으로 일반화하는 것으로 행위적이고 동사적인 특징을 지닌다. 뒤랑은 인간 동일성의 근거로 생물학의 일종인 반사학(réflexologie)에서 제시한 '반사적 행동'을 들었다. 그가 주목한 반사적 행동은 크게 세 가지로, 직립보행과 관련된 자세반사, 성행위와 관련된 교접반사, 음용과 관련된 섭취반사가 바로 그것이다. 이 반사적 행동은 인간이면 누구나 생명을 영위하기 위해 취하는 행동이며 그렇기에 정신적 행동의 시초가 된다.[18]

이때 도식은 이러한 반사적 행동과 원형의 재현 사이를 이어주는 매개체이다. 따라서 뒤랑은 도식을 집단무의식 속의 원형 저장소가 아닌, 인간의 구체적 몸짓의 '첫 동사적 표현'으로 상정해 융과 자신을 구분하였다.[19] 아울러 도식으로 분화된 몸짓은 자연적·사회적 환경과 접촉해 주요 원형들을 결정한다고 설명했다.[20] 따라서 도식이란 원형적 행위이자, 이후에 이 행위를 따라서 분화될 무수히 많은 원형의 기준점이 된다.

도식의 정의를 바탕으로 뒤랑은 자신의 '원형' 개념을 도출한다. 그에게 원형이란 도식을 실체화하는 것이다.[21] 원형은 크게 형용사적인 원형과 실사적인 원형으로 나눌 수 있다. 형용사적인 원형은 높은, 낮은, 따뜻한, 추운, 메마른, 습기 있는, 순수한, 깊은 등등의 감각적 혹은 지각적인 특질이고, 실사적인 원형은 빛, 어둠, 심연, 어린아이, 달, 어머니, 십자가, 원 등등 실사적으로 이름 붙여진 대상이다.

그리고 원형은 문화적 양태에 따라 다양하게 분화된 이미지들과 연결되어, 하나의 이미지에 여러 도식이 끼어드는 현상과 마주하게 되는데, 뒤랑은 이를 '상징(symbole)'이라 부른다. 즉, 상징이란 원형들이 외부적인 요인들, 즉 기후, 기술, 지리적 환경, 문화적 상태에 의해 특수화된 경우이다.[22]

---

18) G. Durand, 앞의 책, 1960, 468쪽.

19) 진형준, 『상상적인 것의 인간학: 질베르 뒤랑의 신화 방법론 연구』, 문학과지성사, 1992, 63쪽.

20) 위의 책, 76~77쪽.

21) G. Durand, 앞의 책, 1960, 62쪽.

22) 진형준, 앞의 책, 1992, 64쪽.

여기서 우리는 원형과 상징이 어떤 차이를 지니는지 확인할 필요가 있다. 특히 도출된 단어만 놓고 비교해 보았을 때 실사적 원형과 상징은 큰 차이를 보이지 않는다. 이에 대해 뒤랑은 원형의 경우 상징과 달리 양면성이 없고 항시적 보편성을 띠며 도식과 합치된다고 설명했다.23) 예를 들어 바퀴는 '순환의 실사적 원형'으로 순환 외의 다른 의미는 없다. 반면에 뱀은 '순환의 상징'으로 순환 외에도 무수히 많은 의미를 지니고 있다. 하늘은 불변의 원형인 반면, 하늘을 베낀 상징은 사닥다리, 날아가는 화살, 초음속 비행기에서 도움닫기 선수에 이르기까지 무수히 많다. 따라서 "상징은 하나의 원형에 대한 변주이며, 원형이 관념과 실체화의 길 위에 있다면 상징은 단순히 실사, 명사, 심지어는 고유명사가 되는 과정에 있다."24)

도식과 원형 그리고 상징에 관한 뒤랑의 정의를 정리하면 다음과 같다. 도식이란 반사적 행동에서 도출된 것으로 정신의 시초가 되는 행위이다. 뒤랑은 자세반사, 교접반사, 섭취반사의 세 행동에 주목해 각각 이들에 상응하는 동사적 도식을 제시했다. 따라서 도식은 원형적 행위로 이후 분화될 실사적 원형과 형용사적 원형의 기준이 된다. 원형은 도식의 형용사화 또는 실사화로 양면성이 없고 항시적인 보편성을 띤다. 상징은 원형이 기후, 기술, 지리적 환경, 문화적 상태에 의해 특수화된 것으로 하나의 의미만을 지닌 원형과 달리 다양한 의미로 해석될 수 있다.

---

23) G. Durand, 앞의 책, 1960, 63쪽.
24) 위의 책, 64쪽.

뒤랑이 제시한 도식, 원형, 상징은 각각의 층위를 구분해 문화콘텐츠 내적 구성요소 분석틀 구축의 단초를 제공한다. 다만 도식, 원형, 상징의 역할과 서로의 관계가 명확하게 구분되어 있어 인위적인 느낌을 주는 것 또한 사실이다. 뒤랑은 이러한 관계가 유발하는 경직성을 피하기 위해 서로 다른 두 체제의 대립과 상호보완을 다룬 '이미지의 동위적 분류도(Classification Isotopique des Images)'를 제시했다. 이 분류도는 도식과 원형 그리고 상징을 둘러싼 큰 틀인 '체제'의 대립과 조화를 나타낸 것이다.

뒤랑은 인류의 원형적 구조는 '낮의 체제(diurne)'와 '밤의 체제(nocturne)'의 대립 속에서 성립된다고 밝힌 바 있다. 두 체제에 대해서 자세히 살펴보면 다음과 같다. 우선 낮의 체제는 '구분하다(distinguer)'라는 동사적 도식을 지니는 분열형태적(schizomorphes) 구조이다. 따라서 이 체제는 서로 구분해 차이를 강조하는 대조법을 중시한다. 뒤랑은 낮의 상징적 명제들을 더욱 굳건히 만들기 위해 낮의 체제와 대구를 이루는 동물, 밤, 추락의 원형을 먼저 제시했다. 이후 그는 분리, 빛, 상승의 원형을 설명하며 대조적인 낮의 체제를 더욱 공고히 한다. 이때 낮의 체제에 속하는 형용사적 원형은 순수한, 높은 등이며, 실사적 원형은 빛, 정상, 하늘, 우두머리, 천사, 날개 등이 된다. 특히 뒤랑은 상승의 의미를 지닌 날개를 중시했는데 사다리나 계단 같은 오르는 데 도움을 주는 도구는 "날개의 조잡한 대용물일 뿐"임을 언급하며 자신의 주장에 힘을 실었다.[25]

---

25) 위의 책, 144쪽.

한편 밤의 체제는 신비적 구조와 종합적 구조의 두 구조로 나뉜다. 신비적 구조는 '뒤섞다(confondre)'라는 동사적 도식을 지니며 하강과 도치를 통한 중복, 점착, 끈적거림을 중시한다. 이 구조는 이중부정에 의한 묶이는 묶는 사람, (긍정적인) 밤과 죽음, 그릇과 내용물에 관한 원형 및 상징을 품는다. 그리고 종합적 구조는 '연결하다(relier)'라는 동사적 도식을 지니며 극적인 대립과 조화, 미래의 현재화를 통한 진보로의 믿음을 주된 축으로 삼는다. 이 구조는 달의 월상, 남녀양성인 신, 바퀴의 원형과 상징을 포함한다.

낮과 밤 두 체제의 대립과 혼용은 원형의 순환성과 역동성을 나타낸다. 낮이 나타내는 밝은 세계는 영웅의 세계이자 상승 지향의 세계이다. 그러나 인간의 이면에는 밤으로 대표되는 신비롭고 종합적인 세계 또한 존재한다. 우리가 접하는 문화콘텐츠 또한 이와 마찬가지이다. 역경을 이겨내고 지구를 지켜내는 스토리를 주축으로 삼는 슈퍼히어로 영화가 있는 반면에, 죽음을 찬양하고 비극적인 사랑을 노래하는 로맨스 영화 또한 존재한다. 그리고 당대에 호평을 받은 영화가 존재함에도 끊임없이 새로운 영화가 개봉하는 것은, 바로 인간의 정신에 개별 작품의 완성에 만족하지 않고 새로운 문화콘텐츠를 만들어내는 역동성이 존재하기 때문이다.

이미지의 동위적 분류도는 인간 문화의 순환성과 역동성이 보편성 아래 발현된 낮과 밤의 두 체제간 긴장에서 비롯된 것임을 보여준다. 낮의 체제는 분열형태적 구조의 틀, 밤의 체제는 종합적 구조와 신비적 구조의 틀이 되며, 각 구조 속에 도식, 원형, 상징이 발생 순서대로 위치한다. 이미지의 동위적 분류도는 도식, 원형, 상징의 역할과 위치를 일목요연하게 보여주는 틀이며, 원형적 구조의 구성 형태를 명시적으로 제시한 사례이다.

2. 원형이론의 콘텐츠 분석 적용

융이 원형 개념을 형성하고, 뒤랑이 이를 체계화했다면 보이아는 원형과 문화콘텐츠 분석의 접점을 제시한다. 그는 자신의 저서 『상상계의 역사를 위하여』(*Pour une histoire de l'imaginaire*)에서 융과 뒤랑의 원형이론을 이어받으면서도, 여기에 문화적 텍스트의 해석을 돕는 고유의 색채를 더했다.

보이아는 뒤랑도 언급한 바 있는 상상계를 인간 정신의 공통된 세계로 보고, 그 실체를 포착하기 위하여 원형을 제시한다. 그는 원형을 인간 정신의 불변 요소이자 본질적 성향으로 정의했다.[26] 보이아에게 있어서 원형은 조직하는 도식이자 거푸집이다. 그 안에 담는 재료는 변하지만 윤곽은 그대로 있는 것이다.[27] 보이아의 원형이론이 주목받는 것은 인간이 일정한 시대와 문화의 영향을 받음에도, 인간 존재와 그 공동체들은 삶과 세계 그리고 역사 앞에서 다분히 유사한 방식으로 반응한다는 것이다. 즉, 그는 원형들에 의해 구조화된 정신의 근본적인 통일성을 긍정한다.

---

26) L. Boia, 앞의 책, 1998, 17쪽.
27) 위의 책, 같은 쪽.

다만 보이아는 통일성의 주변에 위치하는 미세한 차이들에 대해서도 시선을 거두지 않은 바, 원형의 보편성과 차이들의 개별성을 정리하기 위하여 원형의 유형화를 제안하였다. 그의 이러한 관점은 오랜 세월 동안 세계의 여백을 가져온 서구의 일원론적 사고를 보완하는 역할을 한다. 이러한 원형의 유형화가 바로 여덟 구조이다. 본 절에서는 이 여덟 구조가 지니는 특징을 정리하고, 아울러 이를 문화콘텐츠 분석틀 구성에 어떻게 활용할 수 있는지 알아본다.

1) 보이아의 여덟 구조

보이아의 여덟 구조는 원형들이 역동적으로 구조를 형성하는 과정과 더불어, 서로 다른 구조가 상호 간에 어떤 관계를 맺고 있는지를 정리한 것이다. 각 구조의 명칭은 '초월적 실재의 의식', '분신', '이타성', '통일성', '기원의 현재화', '미래의 해독', '탈주', '대립적인 것들의 투쟁과 상호보완성'이며 그 특징은 다음과 같다.

초월적 실재의 의식은 보다 우월한 본질을 지닌 실재에 대한 믿음을 다룬다. 이 구조는 신을 비롯하여 우리 의식 밖에 있는 우월한 실재를 상정함으로써 생성되는 모든 믿음의 시작 지점이 된다. 그리고 **분신**은 죽음을 넘어 존재하는 삶에 대한 희망을 다루는 원형적 구조로, 내세를 열망하는 보편적인 정서가 반영된 천국과 지옥 그리고 환생이 이 원형적 구조의 아래에 있다. 인간의 죽음으로는 어떠한 것도 끝나지 않는다. 하나의 또 다른 삶이 계속되지만, 이들은 서로 다른 차원에 속해 있다.[28] 따라서 '초월적 실재의 의식'과 '분신'은 내세와 환생에 대한 믿음을 지지해, 끊임없이 반복되는 인간의 삶을 지탱해주는 역할을 한다.

이타성은 세계와 타자의 다양성 앞에서 느끼는 경이와 불안을 나타내는 것이다. 보이아는 중국, 유대인, 여성, 흑인을 예로 들며 타자에 대한 역사적 대응을 구체적으로 설명하였다. 그리고 **통일성**은 세계와 공동체에 최대한의 논리 정연함을 확보해주려는 시도로 이타성에 대립적이면서도 보완적인 원리이다.[29]

기원의 현재화는 세계와 역사의 기원이 지닌 의미를 이해할 수 있도록 만들려는 시도로, 주기적으로 재현되는 건국신화에서 그 특징을 찾을 수 있다. 그리고 **미래의 해독**은 개인 혹은 공동체의 운명과 앞으로 닥쳐올 미래의 일들을 통제하려는 전략이다. 여기에는 순환적인 역사에 대한 견해와 더불어 진보적인 미래에 대한 예측이 함께 숨어있다.

탈주는 역사의 거부이자 역사로부터 벗어나 한결같고 조화로운 시대 속으로 피신하려는 시도이다. 이는 황금시대, 유토피아, 천년왕국과 같은 이상향의 원형 및 상징을 포괄한다. 그리고 **대립적인 것들의 투쟁과 상호보완성**은 서로 반대되는 성향의 대립과 투쟁 그리고 종합이라는 변증법적인 과정을 보여주는 구조로, 보이아의 표현에 따르면 "반대되는 것들의 대결이 역사의 본질적인 요소가 되었다는 진단을 확인시켜준다."[30]

여덟 구조는 원형에 대해 엘리아데가 말했듯이 "무언가 구조적으로

---

28) L. Boia, *Quand les centenaires seront jeunes: L'imaginaire de la longétivité de l'Antiquité à nos jours*, Les Belles Lettres, 2006, 7쪽.

29) L. Boia, 앞의 책, 1998, 165쪽.

30) 위의 책, 101쪽.

불변하는 것을 분명히 드러내 준다."[31] 이 구조는 융과 뒤랑의 원형이
론에서 적지 않은 부분을 차용했지만, 역사적인 사례를 중점적으로 다
루어 현대사회를 설명하게 하는 독창성 또한 지니고 있다. 일례로 '초월
적 실재의 의식'과 '분신'은 과학이 발달한 현대사회에서도 여전히 종교
가 중요하게 다루어지는 이유를 보여주며, '탈주'는 영화를 위시로 한
대중문화산업의 생성을 밝히는 기준이 된다. 또한 보이아가 '기원의 현
재화'에서 언급한 '도시전설(légendes urbaines)'은 현대에도 신화·민
담·설화가 생성되고 있음을 보여주는 좋은 예시이다.

아울러 보이아는 이 구조들이 서로 영향을 주고받음을 강조했다. 즉,
여덟 구조에 속하는 "모델들은 서로 순환하고 결합하며 확장되거나 사
라진다."[32] 일례로 구원자(sauveur)는 '초월적 실재의 의식'에서 나타나
는 천년왕국의 메시아이기도 하지만, '통일성' 보장의 주체이기도 하다.
사실 원형적 구조의 상호관계 속에서 역동적인 움직임이 일어난다고
본 것은 뒤랑뿐만 아니라 보이아의 원형이론에서 동일하게 드러나는
메시지이다.

2) 여덟 구조가 지니는 이점

여덟 구조는 뒤랑이 작업한 이미지의 동위적 분류도처럼 체계적이진
않지만, 각 구조를 뒷받침하는 사례들과의 결합을 통해 의미 있는 인간
의 행위와 그 결과물을 설득력 있게 보여주고 있다. 따라서 우리는 보

---

31) M. 엘리아데, 『영원회귀의 신화』, 심재중 옮김, 이학사, 2003, 16쪽 참조.
32) L. Boia, 앞의 책, 1998, 36쪽.

이아가 제시한 원형적 구조의 장점에 주목할 필요가 있다. 그것은 바로 여덟 구조가 단순하지만 명료한 원형적 구조의 역할을 제시하는 '문화 해석의 모델'이 된다는 점이다.

보이아의 여덟 구조는 문화콘텐츠 생성의 기반이 되는 모티프를 상기시킨다. 기원신화나 건국신화를 중심 스토리로 삼은 문화콘텐츠는 기원의 현재화에 대한 모티프를 담고 있다. 그리고 낙원으로의 도피를 담은 문화콘텐츠는 탈주의 성격을 띤다. 아울러 이러한 원형적 구조는 스토리와 시각 이미지 양 측면에 적용 가능하다. 따라서 보이아가 제시한 여덟 구조는 원형이론을 활용한 문화콘텐츠 분석틀이 어떠한 형태를 띠어야 하는지에 대한 단초를 제공한다. 이를 풀어서 다시 설명하면 다음과 같다.

우선 여덟 구조의 명칭은 일정한 상황을 상정하고 있다. 각 구조명은 융이 제시한 원형 개념이나 뒤랑이 제시한 도식 및 원형이 뒤섞여 반영되어 있다. 그러나 여덟 구조에서 개별적인 구조 하나하나가 공통적으로 제시하는 것은 '반복적으로 되풀이되는 상황의 상정'이며, 이는 역사적인 사건과 (역사적인 사건을 반영한) 문화적 텍스트인 문화콘텐츠를 통해 확인 가능하다. 일례로 보이아가 제시한 원형적 구조인 기원의 현재화는 뒤랑의 분열형태적 구조의 일부분을 차용한 것이다. 그러나 그 범위가 좁은 만큼 원형적 구조가 제시하는 의미도 상대적으로 구체적이어서, 특정한 사례에 적용 가능한 한정적이고 직관적인 모델로 기능할 수 있다. 따라서 보이아의 여덟 구조는 문화콘텐츠 분석틀의 형성에 구체적인 방향성을 제시하여 작업을 용이하게 만드는 장점을 지닌다.

아울러 보이아는 다수의 원형적 구조를 제시함으로써 시선의 다양성을 제공하였다. 그의 의견을 옮기면 다음과 같다. "원형의 실체는 인간의 정신 속에 고정되어 있다. 그러나 이 실체를 개념화하고, 그것의 요소들을 분리시키거나 혼합하는 방식은 역사적인 모든 재구성과 마찬가지로 '시선의 다양성'에 달려있다."[33] 각각의 원형적 구조는 물질세계 이상의 존재에 대한 믿음을 반영하면서도('초월적 실재의 의식') 삶을 긍정한다('분신'). 그리고 타자의 불안한 시선을 상기시키면서도('이타성') 자신을 둘러싼 세계의 정연함을 확보해준다('통일성'). 이들은 배치되면서도 서로를 보완하는 관계를 지닌다. 따라서 이후 도출할 문화콘텐츠 내적 구성요소 분석틀도 다수의 원형적 구조를 지니게 되는데, 이는 보이아가 언급한 바와 같이 시선의 다양성을 취하기 위해서이다.

3. 문화콘텐츠 분석틀의 구조화

본 절에서는 기존 원형이론의 공통분모를 찾아내어 문화콘텐츠 분석틀 도출의 밑그림을 그린다. 우선 각 이론이 문화콘텐츠 분석틀의 형성을 위해 어떤 역할을 수행하는지 살펴볼 필요가 있다. 특히 뒤랑과 보이아의 원형이론은 완결된 틀을 제시하였으며, 각각이 고유의 의미를 지니고 있다. 그럼에도 불구하고 기존 원형이론의 비교 및 검토를 진행하는 이유는 이들의 일정한 부분을 차용하여 '문화콘텐츠에 특화된 분석틀'을 만들기 위해서이다.

---

33) 위의 책, 29쪽.

우선 뒤랑의 원형이론은 원형적 구조간 상호관계와 그 구성요소인 도식, 원형, 상징에 대한 설명을 담고 있다. 그리고 보이아의 원형이론은 다양한 모델을 제시해 직관적인 문화콘텐츠 분석을 돕는다. 이처럼 이론 간 특징이 상이한 것은 양자의 성립 배경이 다르기 때문이다. 뒤랑의 원형이론은 인간 행위 전반을 설명하는 것을 주된 목적으로 삼는다. 그러나 보이아의 원형이론은 특정한 역사적 사건과 문화현상을 해석하기 위한 것이다. 따라서 문화콘텐츠 구성요소 분석에 특화된 틀을 제시하기 위해서는 기존 원형이론 중 필요한 부분을 떼어내어 취합할 필요가 있다. 본 절에서 제시될 여덟 구조의 재배치는 이러한 맥락을 고려한 것으로, 문화콘텐츠 분석틀 도출의 전(前)단계라 할 수 있다.

1) 원형이론간 접점: 보편성, 재귀성, 역동성

원형이론은 체계화의 방식과 언급하고자 하는 범주의 차이에도 불구하고 일정한 접점을 지닌다. 이는 동일한 근원을 모태로 삼는 보편성과 원점으로 회귀하고자 하는 재귀성, 그리고 다양한 기질을 만들어내는 역동성이다. 이를 상세히 설명하면 다음과 같다.

■ 원형의 보편성

보편성은 원형이 지닌 특징 중 첫 손에 꼽히는 것이다. 엘리아데의 의견에 따르면 "인간이 역사적 순간을 초월하고 원형을 되살리고픈 욕망을 터뜨리면, 보편적이고 종합적인 존재로서의 자신을 실현하게 된다."[34] 따라서 원형은 역사적 순간을 초월하는 보편성에 기반을 두기 때문에 인간의 심리 속에서 결코 사라지지 않는다. 원형들은 부동적이고 영속적인 것이다.[35] 즉, 그 외관은 바뀔 수 있지만 기능은 언제나 그대로이다.[36]

이러한 보편성은 문화콘텐츠의 내적 구성요소인 스토리와 시각 이미지를 공통된 틀로 분석할 수 있는 근거가 된다. 문화콘텐츠를 일종의 '원형의 재현'으로 가정할 때, 문화콘텐츠는 지역적인 차이에도 불구하고 수용자의 공감대를 확보하는 원형의 보편성을 지닌다고 이야기할 수 있을 것이다. 아울러 원형의 보편성은 미디어 형태가 다르더라도 공통된 분석틀을 제시할 수 있는 근거가 된다.

다수의 문화콘텐츠가 디지털화되어 단일한 플랫폼으로 제공되는 오늘날 미디어간 경계선은 점점 흐려지고 있다. 따라서 서로 다른 미디어 형태를 띤 문화콘텐츠의 공통된 이론 설정은 원형의 보편성을 긍정해야 가능해진다.

■ 원형의 재귀성

그리고 원형은 원점으로 회귀하는 재귀성을 지니고 있다. 재귀성은 보이아가 제시한 기원의 현재화 구조에서 드러난다. 그는 알렉산더 대왕, 샤를마뉴 대제, 잔 다르크, 나폴레옹과 현대의 정치인, 예술과, 축구선수, 톱 모델을 비교하며 "영웅들을 만드는 체계가 텔레비전과 광고라는 값진 원군을 만나면서 여전히 가동 중"임을 언급한 바 있다.[37] 이

---

34) M. 엘리아데, 『이미지와 상징』, 이재실 옮김, 까치, 1998, 41~42쪽.

35) G. Durand, 앞의 책, 1960, 63쪽.

36) M. 엘리아데, 앞의 책, 1998, 20쪽.

러한 '영웅의 반복된 등장'은 오늘날 문화콘텐츠에서도 여전히 발견되는 특징이다.

디지털 기술의 발달에도 불구하고 수용자는 여전히 영웅 신화에 관심을 보인다. 최근 자주 볼 수 있는 미국 슈퍼히어로물의 영상화는 영웅 신화에 대한 대중의 지속적인 관심을 반영한 것이다. 따라서 원형의 재귀성은 이 책에서 주로 다루는 영화·만화·애니메이션·게임 장르의 주인공이 과거의 신화와 마찬가지로 여전히 대중의 인식 속에서 영웅의 지위를 점하는 이유를 설명해준다.

■ 원형의 역동성

한편 원형은 역동성을 지닌다. 융은 "원형은 형식이자 동시에 에너지"[38]라는 말로 이 개념이 지닌 역동적인 힘을 언급했다. 뒤랑은 원형의 보편적 토대 위에서 낮과 밤의 체제에 속하는 원형과 상징의 순환을 설정하여, 같음 위에 다름이 존재함을 언급했다. 그리고 보이아는 원형이 인간 운명의 프로그램을 짜지만, 다른 현상과 마찬가지로 물질적 장애물의 영향을 받음을 언급했다.[39] 이 물질적 장애물이란 뒤랑이 제시한 상징 형성의 외부적 요인들, 즉 기후, 기술, 지리적 환경, 문화적 상태 등을 의미한다. 그리고 이러한 외부적인 요인들의 영향으로 인해 문화는 다양성을 띠며 그 명맥을 유지해 오게 된다. 따라서 대립과 통일의 과정, 그리고 이에 관여하는 물질적 장애물은 원형이라는 거푸집 아

---

37) L. Boia, 앞의 책, 1998, 165쪽.

38) C.G. 융, 앞의 책, 2002, 225쪽.

39) L. Boia, 앞의 책, 1998, 209쪽.

래 새로운 문화콘텐츠를 만드는 원동력이 된다.

아울러 원형의 역동성은 수용자의 흥미를 확보하는 토대가 된다. 조지프 캠벨(Joseph Campbell)이 원질신화(monomyth)를 언급한 이래로 많은 문화콘텐츠가 열정과 희망 그리고 절망에 관한 중요한 단서들을 제시하는 이 의례적인 신화 플롯에 놓여 있다.[40] 그러나 원형은 이를 새롭게 통합하는 방식 또한 제시하는데, 이때의 방식이란 지역과 시대에 따른 문화콘텐츠 속 원형의 재현이 각기 차이를 보인다는 것이다. 똑같은 슈퍼히어로라도 60년대와 80년대의 영상화 결과물이 다르고, 최근의 결과물이 고유의 특징을 지니고 있는 것도 바로 이런 이유에서이다. 따라서 원형의 역동성은 새로운 문화콘텐츠 생성의 원동력이 되면서도, 동시대적인 흥미를 확보하기 위한 단초를 제공한다.

이처럼 원형의 보편성, 재귀성, 역동성은 문화콘텐츠의 내적 구성요소 분석틀을 만드는 데 있어서 중요한 위치를 점한다. 이미지, 원형, 상징에 가치가 부여되면 문화의 형태를 구성하게 된다. 그렇다면 이와 반대로 문화를 이미지, 원형, 상징으로 분석해 볼 수도 있을 것이다. 따라서 원형의 보편성을 상정하면 서로 다른 지역 및 미디어간 문화콘텐츠의 비교분석이 가능해진다. 그리고 원형의 재귀성은 시대가 다른 문화콘텐츠를 서로 비교해 앞서 출시된 문화콘텐츠가 다수의 후속 작품에 일정한 양식을 제시하는 프로토타입(prototype)이 되는 이유를 밝힌다. 마지막으로 원형의 역동성은 원형의 보편성과 재귀성에 대한 지나친

---

40) J.S. Lawrence & R. Jewett, *The Myth of the American Superhero*, William B. Eerdmans Publishing Company, 2002, 5쪽.

믿음으로 야기될 수 있는 경직성에서 탈피해, 다양한 시대, 지역, 미디어에 적합한 개별적인 문화콘텐츠의 생동감 넘치는 전개를 가능하게 한다.

2) 접점을 통한 구조화

상술한 보편성, 재귀성, 역동성의 규명 다음으로 수행되어야 할 것은 문화콘텐츠 분석틀의 밑그림을 그리는 작업이다. 이를 위해 보이아의 여덟 구조를 일정한 상관관계 아래 재배치한다. 여덟 구조가 우선적으로 고려되는 이유는 이 구조의 명칭과 그 특징이 명시적이어서 문화콘텐츠 분석틀의 모델로 삼기 적합하기 때문이다. 다만 뒤랑이 제시한 분열형태적 구조, 종합적 구조, 신비적 구조와 이에 속하는 도식, 원형, 상징의 특징 또한 함께 언급될 것인데, 이는 뒤랑의 원형적 구조가 지니는 특징이 여덟 구조를 상세히 설명해 주는 역할을 하기 때문이다.

먼저 여덟 구조를 기·승·전·결의 순서로 재배치한다. 기에 해당되는 것은 '기원의 현재화'와 '초월적 실재의 의식'이다. '기원의 현재화'는 과거를 현재와 결부시켜 의미를 찾는 행위와 관련된 구조이고, '초월적 실재의 의식'은 신을 상정해 현재의 뿌리를 찾는 구조이다. 특히 '기원의 현재화'는 영웅 원형과 관계를 맺는 바, 기원신화와 건국신화를 스토리와 시각 이미지에 차용한 문화콘텐츠에서 자주 발견된다. 또한 개인의 내적 기원을 찾는 문화콘텐츠에서도 '기원의 현재화'가 발현되는데, 이러한 문화콘텐츠의 주인공은 왕자 혹은 전사의 특징을 띠는 영웅들이다.

승에 해당되는 보이아의 원형적 구조는 '탈주'와 '분신'이다. '탈주'는 주어진 역사적 상황이나 조건에서 탈피하려는 인간의 욕망을 반영한 구조이다. 그리고 '분신'은 내세와 죽음을 다루는 원형적 구조로 밤과 여성에 대한 긍정이라는 신비적 구조의 특징을 띤다. 보이아는 '탈주' 구조를 둘로 분화시키는데, 하나는 '낙원으로의 도피'이고, 다른 하나는 '영웅적 행위'이다. 이들 중 '낙원으로의 도피'는 역사에서 벗어나 조화로운 시대로 피신하려는 의도를 지닌 행위로 노스탤지어와 에로티시즘에 대한 갈망으로 귀결된다. 이러한 '낙원으로의 도피'가 지닌 특징은 보이아의 '분신' 구조와 직접 연관되는 것이다. 한편 '영웅적 행위'는 분열형태적 구조의 영웅 원형에 기인하는 것으로, 영웅의 적극적인 상황 타계를 주로 다루고 있다.

전에 해당되는 보이아의 원형적 구조는 '이타성'과 '대립적인 것들의 투쟁과 상호보완성'이다. '이타성'은 타자의 다양성 앞에서 느끼는 경이와 불안을 나타내는 것으로 대립적인 것들의 투쟁 형성에 단초를 제공한다. 그리고 '대립적인 것들의 투쟁과 상호보완성'은 '이타성'으로 구분된 두 무리가 대립하는 것으로 극적인 절정을 형성하고 이후에 더 나은 미래로 나아감을 의미한다. 이들은 분열형태적 구조의 도식인 '구분짓다'와 관련을 맺는다. 아울러 대립은 문화콘텐츠의 스토리와 시각 이미지에서 모두 발견되는데, '이타성'이 타자에 대한 인식을 바탕으로 구분, 판별, 무리짓기를 수행한다면 '대립적인 것들의 투쟁과 상호보완성'은 스토리와 시각 이미지의 충돌을 통해 강렬한 대비를 자아낸다.

결에 해당되는 보이아의 원형적 구조는 '통일성'과 '미래의 해독'이다. '통일성'은 하나의 안정된 세계에 머무르고자 하는 인간의 욕망을 반영한 구조이다. 문화콘텐츠에서는 이러한 '통일성'이 안정된 세계관의 제시로 구현되는데, 이는 다양한 미디어로 OSMU되는 기반이 된다. 그리고 '미래의 해독'은 순환되는 역사 속에서 과거의 선례를 통해 추후 일어날 일을 짐작하는 것으로, 원점으로의 순환과 더불어 이러한 반복이 불러올 미세한 변화를 상정한 원형적 구조이다. 이들은 내적 구성요소의 끝맺음뿐만 아니라 다른 문화콘텐츠와의 관계 맺음에도 적용된다. 기·승·전·결에 속하는 원형적 구조를 다시 정리하면 다음의 표와 같다.

표 2.1. 문화콘텐츠 분석을 위한 원형적 구조

순환에 따른 구분	기(起)	승(承)	전(轉)	결(結)
관련된 보이아의 원형적 구조	기원의 현재화, 초월적 실재의 의식	탈주, 분신	이타성, 대립적인 것들의 투쟁과 상호보완성	통일성, 미래의 해독
특징	초월적 존재의 상정과 현재의 해독	낭만적인 도피 혹은 주어진 조건에 반항하는 영웅적 행위의 양 극단적 성격	타자에 대한 인식과 이를 바탕으로 벌어지는 대립 행위	세계의 순환 및 안정화와 더불어 다른 세계와의 연계를 도모

여덟 구조의 재배치는 특정한 순서 없이 나열된 보이아의 모델에 일정한 순환성을 부여한다. 여기서 둘씩 묶인 구조는 공통분모를 지닌다. 우선 '기원의 현재화'와 '초월적 실재의 의식'은 동시대인 현재의 기원을 찾는 것과 관련되며, 건국의 주체인 영웅과 세계 창조의 주체인 신을 주로 다룬다. 그리고 '탈주'와 '분신'은 주어진 조건인 역사에 대한 인간의 행위를 설명하는 모델로 도피 행위, 영웅 행위, 그리고 구세주적 행위를 주로 다룬다. '이타성'과 '대립적인 것들의 투쟁과 상호보완성'은

타자와의 관계 맺음과 대립 행위를 망라한 것으로, 역사적인 사건에서 주로 발견되는 대립과 투쟁 그리고 그 결과를 함축하는 모델들이다. 마지막으로 '통일성'과 '미래의 해독'은 역사 속 세계의 안정화와 더불어 나아갈 방향을 예측하는 원형적 구조로, 다른 문화콘텐츠와의 연계를 설명하는 데 도움을 준다.

이 원형적 구조들은 보이아의 언급대로 "역사시대를 주된 대상으로 삼는 것"[41]이므로, 이후 이 책에서 다루게 될 문화콘텐츠 내적 구성요소 분석틀에 관한 논의에서는 분석대상을 '문화콘텐츠'로 바꿔 살펴본다. 이에 따라서 문화콘텐츠 내적 구성요소 분석틀에서 보이아가 언급한 역사 속 인간은 '문화콘텐츠 속 캐릭터'가 될 것이고, 인간의 행위 또한 '캐릭터의 행위'가 된다.

다음 절에서 제시된 문화콘텐츠 분석틀은 이러한 기본 전제 아래 구성된 것임을 미리 밝혀둔다.

4. 원형이론을 활용한 분석틀 제시

앞서 우리는 보이아의 여덟 구조를 차용해 이를 기·승·전·결의 순서로 재배치하고 각각의 특징을 살펴보았다. 기·승·전·결로 재배치된 구조는 보편성과 더불어 원형의 중요한 특징인 재귀성과 역동성을 지니고 있다. 즉, 기원의 현재화와 초월적 실재의 의식에서 시작하여 통일성과 미래의 해독으로 끝나는 일방향적인 흐름이 아니며 각 구

---

41) L. Boia, 앞의 책, 1998, 36쪽.

조가 끊임없이 순환하며 서로에게 영향을 미친다. 이는 기원으로의 회귀인 재귀성과 새로운 기원으로의 시작인 역동성의 의미를 모두 지닌다. 아울러 각 원형적 구조는 일정한 행위와 상징을 지니며 이들은 문화콘텐츠의 스토리와 시각 이미지를 분석하는 기준이 된다.

다만 기·승·전·결로 재배치했다 하더라도 보이아의 구조명을 그대로 사용하기보다는 문화콘텐츠 분석틀이라는 본연의 목적에 맞도록 본래의 의미를 해치지 않는 범위 내에서 이를 다시 명명할 필요가 있다. 그런 이유로 '기원의 현재화'/'초월적 실재의 의식'은 **기원구조**로, '탈주'/'분신'은 **탈주구조**로, '이타성'/'대립적인 것들의 투쟁과 상호보완성'은 **대립구조**로, '통일성'/'미래의 해독'은 **통일구조**로 명칭을 간략하게 줄인다. 이를 정리하면 문화콘텐츠 분석을 위한 기원, 탈주, 대립, 통일의 원형적 구조가 마련된다. 각 구조의 명칭과 유형, 행위, 상징을 정리하면 다음의 표와 같다.

표 2.2. 문화콘텐츠 분석을 위한 원형적 구조

항목명	기원구조	탈주구조	대립구조	통일구조
유형	개인 기원찾기, 공동체 기원찾기	낙원도피, 영웅행위	타자인식, 대립과 진보	세계의 통일, 원점회귀
행위	성찰 행위, 계승 행위, 건국 행위, 창조 행위	도피 행위, 보호 행위, 도치 행위, 구원 행위	대립 행위, 구분 행위, 뒤섞기, 발전 행위	통일 행위, 연계 행위, 반복 행위, 회귀 행위
상징	왕자, 전사, 건국영웅, 창조신 등	도피자, 소시민적 영웅, 병적인 영웅, 구세주 등	적대자인 타자, 상상의 괴물, 불, 스바스티카 등	상상의 세계, 통일을 행하는 자, 반복된 사건, 중첩된 인물 등

기원구조는 개인이나 공동체의 기원에 대한 고민을 담은 원형적 구조다. 이 구조는 보이아의 여덟 구조 중 '기원의 현재화'와 '초월적 실재의 의식'과 관계를 맺는다. 이들은 모두 수직상승적이며 가치지향적인 행위를 특징으로 삼는다. 기원구조 속 유형은 기원을 찾는 대상이 개인인가 혹은 단체인가에 따라서 **개인 기원찾기**와 **공동체 기원찾기**의 둘로 나뉜다. '개인 기원찾기'가 성찰과 계승행위를 근간으로 삼는다면, '공동체 기원찾기'는 건국행위와 창조행위를 포함한다. 기원구조에 속하는 상징으로는 왕자, 전사, 건국영웅, 창조신 등이 있다.

　　탈주구조는 '주어진 조건'인 역사에 저항하는 인간의 모습을 그린 구조이다. 이 구조는 보이아의 여덟 구조 중 '탈주'와 강하게 결속되어 그 특징을 공유한다. 탈주구조는 상황에 대한 저항을 규정한 것이므로 구조 속 행위는 수동적인 자세를 취할 것인지 적극적인 자세를 취할 것인지에 따라서 달라진다. 이때 수동적인 자세를 취할 경우 행위는 도피에 가까운 낙원 탐닉의 형태가 된다. 그리고 적극적인 자세를 취할 경우 스토리의 고조에 힘입어 영웅적 행위를 다루게 된다. 따라서 이 구조의 유형은 행위의 분화에 따라서 '낙원도피'와 '영웅행위'의 둘로 나뉜다. **낙원도피**는 노스탤지어의 추구, 에로티시즘의 도취를 행위의 근본으로 상정하며 도피처인 낙원, 바다, 섬, 해변과 도피의 대상인 매력적인 여성 등을 주된 상징으로 삼는다. **영웅행위**는 영웅의 보편적 행위인 약자의 보호와 더불어 이에 반대되는 악역으로의 도치 그리고 구세주적 행위를 주된 행위로 삼는다. 이때 소시민적 영웅, 병적인 영웅, 구세주적 영웅은 영웅행위를 대표하는 상징이 된다.

대립구조는 서로 대립하는 것들이 일정한 상황 아래 충돌하는 것을 반영한 원형적 구조이다. 이 구조는 '구분짓다'라는 원형적 행위를 모태로 타자인식과 대립과 진보라는 두 유형을 품는다. **타자인식**은 보이아의 원형적 구조 중 '이타성'과 관련되는 것으로 구분, 판별, 육체전이 등을 주된 행위로 삼는다. **대립과 진보**는 상호보완과 발전을 상정한 유형으로 스토리와 시각 이미지 두 측면에 고르게 영향을 미친다. '대립과 진보'에 속하는 상징으로는 적대자인 타자, 상상 속의 괴물, 나무, 연결망, 불, 얼음, 십자가, 불을 만드는 도구에서 기인한 스바스티카 등을 들 수 있다.

통일구조는 세계를 하나의 통일된 원리에 따르게 하여 내적 안정감을 부여하는 구조이다. 또한 이 구조는 문화콘텐츠의 OSMU와 직접 관계를 맺는데, 이는 일관된 세계관의 설정이 다양한 미디어로의 변용을 보조해 주기 때문이다. 따라서 통일구조에 속하는 유형은 개별 문화콘텐츠의 안정감 확보와 더불어 성공적인 OSMU의 단초가 된다. 이들 중 **세계의 통일**은 세계관 설정을 주된 행위로 삼는 유형이다. 여기서는 상상의 세계와 이에 속하는 캐릭터, 그리고 서로 대척점에 선 세력과 세력을 대표하는 리더가 상징으로 존재한다. 그리고 **원점회귀**는 스토리의 반복과 더불어 콘텐츠 프랜차이즈에 활력을 불어넣는 리부트, 리메이크 등의 조치와 관련된 유형이다. '원점회귀'는 기원으로의 회귀와 세계의 확장을 주된 행위로 삼으며, 반복되는 사건이나 중첩된 인물과 같은 상징을 지닌다.

각 원형적 구조들은 보이아의 여덟 구조를 기준으로 도출한 것이며 행위와 상징은 뒤랑의 이론을 참조했다. 다만 이 원형적 구조를 구조 그 자체로만 제시할 경우 내용이 추상적이어서 실제 문화콘텐츠 분석에 효율적으로 활용하기 어렵다. 따라서 뒤랑에게는 신화·민담·설화가 그 역할을 수행했고 보이아에게는 역사적 사건이 그러했듯이 이 책에서는 각 구조의 설명에 적합한 사례를 영화·만화·애니메이션·게임 위주로 제시하여 원형적 구조의 특징을 구체화하고자 한다.

기원구조가 잘 드러나는 예시로는 개인이나 공동체의 기원찾기를 스토리와 시각 이미지에 반영한, 건국 및 전쟁 행위를 다룬 문화콘텐츠를 들 수 있다. 그리고 탈주구조의 예시는 유형에 따라 극명하게 나뉘는데, 낙원도피를 상정한 낭만적 문화콘텐츠와 영웅행위를 다룬 슈퍼히어로물이 바로 각 유형의 대표적인 사례가 된다. 대립구조의 예시는 타자인식의 경우 SF 장르에 속하는 문화콘텐츠가 주를 이루며, 대립과 진보의 경우 스토리와 시각 이미지의 충돌을 다룬 문화콘텐츠가 핵심이된다. 마지막으로 통일구조의 경우 판타지 장르의 예를 들어 세계의 통일이 어떤 맥락을 거쳐 문화콘텐츠의 내적 안정과 외부적 변용에 영향을 미쳤는지 살펴보며, 이와 더불어 스토리와 시각 이미지의 원점회귀사례를 함께 확인해본다.

분석틀의 특징과 분석기준

분석틀의 특징과 분석기준

문화콘텐츠 내적 구성요소 분석틀은 크게 기원, 탈주, 대립 통일의 네 가지 원형적 구조로 이루어져 있다. 본 장에서는 이러한 원형적 구조의 특징과 분석의 기준을 밝힌다. 우선 원형적 구조의 정의가 언급될 것인데 이는 각각의 구조가 기존 원형이론 중 어떠한 측면의 영향을 받았는지 밝히는 것이다. 다음으로는 기원, 탈주, 대립, 통일구조 내에 속하는 유형의 특징을 확인한다. 이때 유형은 하나의 원형적 구조 속에서 두 개가 존재하게 되는데, 이들의 명칭과 특징은 보이아의 여덟 구조를 토대로 도출된 것이다.

유형의 설명에는 영화, 만화, 애니메이션, 게임 장르에 속하는 문화콘텐츠 사례가 함께 다루어진다. 전쟁영화에서 판타지 게임에 이르기까지, 설명에 첨부될 문화콘텐츠는 해당 유형의 특징적인 요소를 잘 보여주는 예시로 한정했다. 아울러 이들은 각각의 원형적 구조가 지닌 분석 기준에 대한 이해를 돕는 역할을 한다. '원형적 구조에 대한 정의'와 '유형에 대한 설명' 뒤에는 예시가 되는 문화콘텐츠에서 자주 발견되는 '행위'와 '상징'을 정리해 제시한다. 여기서 행위란 유형을 지지하는 캐릭터의 행동 양식을 나타내는 것이고, 상징이란 행위자인 캐릭터 또는 행위의 결과물이다. 따라서 문화콘텐츠 분석틀의 특징과 분석 기준은 원형적 구조 속 유형, 행위, 상징간의 상관관계 아래 위치해 있다.

1. 기원구조

기원구조는 인간과 이에 수반되는 종교, 공동체, 민족, 국가가 어디에서 기원했는지에 대한 고민을 담은 구조이다. 인간은 보편적으로 자신의 근본을 찾고자 하는 욕구를 지니고 있다. 그리고 공동체의 기원탐구는 그 구성원이 상정한 가치와 강하게 연결되어 있는데, 그 이유는 기원을 상기시키는 것이 동시대의 본질과 운명을 이해하는 것이기 때문이다.[42] 따라서 기원구조는 과거를 되새기는 행위를 통해 오늘을 이야기하는 원형적 구조라 할 수 있다.

기원구조는 보이아의 여덟 구조 중 '기원의 현재화'의 영향을 받는다. 다만 기원의 현재화와 기원구조가 완벽하게 일치하는 것은 아니다. 기원구조는 일정 부분 기원의 현재화가 지니는 특징을 답습하지만 다른 원형적 구조의 특징도 뒤섞여 있으며 이 책에서 새롭게 규정하는 부분도 있다. 이처럼 기존 원형적 구조와 어느 정도 차이를 보이는 점은 이후 다른 원형적 구조의 정의에 있어서도 마찬가지이다.

아울러 이 구조는 여덟 구조 중 하나인 '초월적 실재의 의식'의 영향 또한 받는다. 기원구조의 한 축을 차지하는 기원신화와 건국신화는 초월적 실재가 등장하여 세계 및 국가의 탄생에 관여한다는 공통점을 지닌다. 기원신화는 초월적 실재의 대표인 신이 세상을 창조하는 신화다. 그리고 건국신화의 주역인 건국영웅은 건국행위에 신의 도움을 받거나, 자신의 행위에 정당성을 부여하기 위해 신의 계시나 증표를 제시한다.

---

42) 위의 책, 34쪽.

이처럼 기원신화나 건국신화는 초월적 실재를 부정하고서는 성립될 수 없는 신화이다. 따라서 기원구조는 '기원의 현재화'와 '초월적 실재의 의식'을 모두 포함하는 원형적 구조이며 '공동체 기원찾기'라는 기본적인 유형을 지닌다.

한편 기원구조는 공동체뿐만 아니라 개인과도 연계되어 '개인 기원찾기'라는 유형을 형성한다. 이 유형은 문화콘텐츠 속 캐릭터가 자신의 기원을 찾아나가는 행위와 직접적으로 연관된다. 이때 캐릭터는 기원신화와 건국신화의 주역과 마찬가지로 영웅 혹은 전사의 모습을 띤다. 그러나 '개인 기원찾기'와 연관된 캐릭터의 행위는 창조와 건국이 아닌 지위 계승과 타락으로 요약된다. 이는 '공동체 기원찾기'의 상승 지향적이고 건설적인 행위와 대구를 이루며 내부로 침잠한다. 이제 각 유형의 세부적인 설명을 통해 이들이 문화콘텐츠의 분석에 어떻게 작용하는지 스토리와 시각 이미지의 경우로 나눠 살펴보기로 한다.

1) 개인 기원찾기

문화콘텐츠 속 '개인 기원찾기' 분석은 지그문트 프로이트(Sigmund Freud)의 오이디푸스 콤플렉스를 중심으로 오랫동안 다뤄져 왔다. 오이디푸스 콤플렉스는 아버지의 자리를 빼앗고 왕이 된 왕자의 열망을 풀이한 것으로, 엘리아데가 설명하듯이 "단순한 성적 욕망에 대한 일화가 아니라 인간의 근본적인 성향을 설명하기 위한 하나의 은유"로 풀이된다.[43] '개인 기원찾기'는 라캉의 욕망이론에 의해서 더욱 구체적으로

---

43) M. 엘리아데, 앞의 책, 2003, 17~18쪽 참조.

조형되는데, 그가 언급한 유아의 세 시기는 제임스 조지 프레이저 (James George Frazer)가 저술한 『황금가지』(*The Golden Bough*)와 함께 문화적 텍스트 분석에 수용된다. '남근을 잃을 것이라는 공포'와 이에 따른 '아버지에 대한 자식의 반항'이라는 도식이 하나의 금과옥조가 된 것이다.[44]

왕인 아버지를 죽이고 새로운 왕이 된다는 스토리는 자극적인 존속 살해 사건뿐만 아니라 그러한 행위를 하게 된 계기 또한 함께 다루는 것이 일반적이다. 이때의 계기란 자신의 존재를 찾기 위한 열망이라 할 수 있다. 인간은 다가올 날들에 대한 고민 때문에 끊임없이 괴로워 한다. 또한 기존 질서에 반대하여 자신이 새로운 질서를 직접 내세우고픈 욕망도 있다. 이때 억압하는 주체인 아버지는 오이디푸스 콤플렉스적인 행위를 이미 선대의 아버지에게 행한 바 있다. 이처럼 반복되는 찬탈의 대물림 속에서 선왕을 죽이는 것으로 대표되는 '개인 기원 찾기' 유형은 과거와 현재를 잇는 다리가 되는 계승(繼承) 행위를 중시한다.

계승 행위를 다룬 문화콘텐츠는 그 수가 매우 많으나 대표적인 예로 프랜시스 포드 코폴라(Francis Ford Coppola)의 〈지옥의 묵시록〉 (Apocalypse Now, 1979)을 들 수 있다. 이 영화는 전장의 광기를 생생한 시각 이미지로 보여줘 주인공인 윌라드가 수행하는 계승 행위에 근거를 부여한다.

---

44) G. Durand, *Introduction à la mythodologie. Mythes et sociétés*, Albin Michel, 1995, 38~39쪽.

임무 수행 중에 윌라드의 동료는 죽거나 혹은 (선왕의 역할을 수행하는) 커츠 대령에게 매료되어 심경의 변화를 겪는다. 그러나 윌라드는 동료들과는 달리 자신의 임무를 완수한다. 커츠 대령의 살해 후에 그가 주변인들에게 받는 대접은 생전의 커츠 대령과 동일하며, 윌라드의 계승 행위를 순순히 받아들이는 커츠 대령의 모습은 신화 속 선왕을 상기시킨다.

올리버 스톤(Oliver Stone)의 영화 〈플래툰〉(Platoon, 1986)은 '개인 기원찾기'를 좀 더 직설적으로 형상화한다. 주인공 크리스는 치기어린 마음에 베트남 전쟁에 자원한 초심자형 캐릭터이다. 그러나 그는 자신에게 의지가 되었던 일라이어스 분대장이 전장에서 반즈 상사에게 살해당하는 것을 목격한다. 이후 그 또한 영화의 클라이막스에 하극상을 일으켜 교전의 혼란한 틈을 타 반즈 상사를 죽인다. 크리스는 영화 말미에 헬기로 후송되며 "나는 (일라이어스와 반즈라는) 두 아버지에게서 태어난 아이와 같다(I've felt like a child, born of those two fathers)"고 독백한다. 우리는 크리스의 독백을 통해 그가 (당시 미국이라는 국가가 그러했듯이) 전쟁을 통해 자신의 내적 기원을 찾으려 했으며, 여기에 일라이어스와 반즈라는 대립되는 두 인물이 개입되었음을 확인할 수 있다.

이처럼 '개인 기원찾기'는 캐릭터의 행위를 통하여 이를 접하는 수용자가 스스로를 돌아보게끔 하는 역할을 수행한다. 이때 중요한 것은 '개인 기원찾기'를 추구한 문화콘텐츠가 동시대에 어떤 의미를 전달하는가이다. 앞서 예시로 든 〈지옥의 묵시록〉과 〈플래툰〉의 스토리는 모두 베트남 전쟁이라는 동일한 역사적 사건을 재구성한 것이다. 따라서 이러한 역사적 사건의 문화콘텐츠적 재구성에는 '과거의 사건이 현대에 어떠한 영향을 미치는가'에 대한 고민이 전제된다. 두 영화는 전후 미국사회를 호명하며 수용자가 현재의 자신을 돌아볼 수 있는 계기를 마련해준다. 따라서 '개인 기원찾기'를 담은 문화콘텐츠는 단순한 흥미의 전달에 그치지 않고, 수용자가 현재의 자신을 되돌아보게 만든다.

'개인 기원찾기'를 담은 문화콘텐츠는 종교적인 테마와 결합하기도 한다. 데이빗 핀처(David Fincher)의 영화 〈세븐〉(Se7en, 1995)은 『성서』에서 언급되는 일곱 가지 죄악을 스토리의 핵심 모티프로 삼으며 범죄의 기원을 찾으려 했다. 이 영화의 스토리상 반전은 주인공 밀스와 범인 또한 일곱 가지 죄악을 저지른 죄인 중 하나라는 것이다. 범죄의 기원을 되묻는 후반부의 반전을 통해 범죄자에 불과했던 범인은 하나의 구세주처럼 비춰지게 된다. 이러한 문화콘텐츠와 종교적인 테마와의 결합은 〈세븐〉에 대한 다양한 해석을 낳아, 이 영화가 대중에게 오래도록 회자될 수 있게 돕는다.

이러한 '개인 기원찾기'의 특징적인 요소들을 영화에서만 발견할 수 있는 것은 아니다. 원형 특유의 미디어를 가리지 않는 보편성으로 인해 그 예를 게임에서도 찾을 수 있다. '개인 기원찾기'가 발현된 게임의 대표적인 예시로 〈워크래프트III〉(Warcraft III, 2002)를 들 수 있다. 이 게임에서 주역인 아서스 네메실은 원래 왕자의 신분으로 스토리상 전형적인 영웅 행위를 수행한다. 그러나 적대세력의 관계로 인해 자신의 백성들이 죽은 이후, 그는 타락하여 어두운 무리의 수장인 리치왕(Lich King)이 된다.

아서스는 타락 이후 자신의 아버지인 선왕 테레나스를 죽이면서 훗날 게임 플레이어들에게 밈(meme)이 되는 "왕위를 계승하는 중입니다, 아버지(Succeeding you, Father)"라는 대사를 읊조리는데, 이는 앞서 살펴본 예시들과 흡사한 부친 살해와 지위 계승을 게임 속 이벤트로 드러낸 것이다. 이러한 '악마적인 패러디'의 응축된 형식 속에서 아서스는 왕을 살해한 신화 속 영웅과 동일한 존재가 된다. 특히 〈워크래프트III〉의 제작사인 블리자드 엔터테인먼트는 '개인 기원찾기' 유형에 자주 등장하는 타락 행위를 게임 스토리에 자주 삽입한다. 이 회사가 출시한 인기 RPG 〈디아블로〉(Diablo) 시리즈의 첫 번째 주인공이었던 '전사(Warrior)'는 타락으로 인해 두 번째 시리즈인 〈디아블로2〉(Diablo II, 2000)에서 자신의 가장 강력한 적대자였던 악마 디아블로의 육체가 된다. 그리고 〈스타크래프트〉(Starcraft) 시리즈에서 인류를 위협하는 저그 세력의 리더 캐리건은 본래 '유령(Ghost)'으로 불리는 테란의 특수부대요원 중 한 명이었다. 이처럼 '개인 기원찾기'에 기반을 둔 계승과 타락의 원형적 행위는 문화콘텐츠의 스토리와 시각 이미지 속에 녹아 있다.

2) 공동체 기원찾기

신화학자 브루스 링컨(Bruce Lincoln)은 신화의 현재적 해석을 일곱 가지 단계로 나누어 수행한 바 있다. 이러한 단계별 해석은 신화가 오늘날 공동체에게 어떤 영향을 미치는지 확인하기 위한 것이다.[45) 신화를 읽는 방법은 늘 같지 않으며, 공동체가 처한 역사적이고 사회적인 상황에 따라서 이는 달라질 수밖에 없다. 이러한 '공동체 기원찾기'의 예시로 자주 활용되는 것이 바로 기원신화와 건국신화이다. 인간 집단은 모두 다른 집단들과 자신을 비교해 특수성을 확실히 해주고, 영속성을 보장해주는 기원신화와 건국신화를 통해서 자신의 존재를 확인한다. 따라서 기원신화와 건국신화는 공동체에 과거에서 현재에 이르는 맥락

---

45) B. 링컨, 『신화 이론화하기』, 김윤성·최화선·홍윤희 옮김, 이학사, 2009, 251~252쪽 참조. 신화를 다룬 텍스트의 연구 방법은 다음과 같다.

 1. 신화 텍스트에서 논점이 되는 문제의 범주들을 확립한다. 또한 이 범주들 간의 관계를 살피고, 아울러 이들 상호 간의 서열과 이를 정당화하는 데 사용된 논리를 살핀다.
 2. 이야기의 시작과 결론에서 범주들의 서열에 어떤 변화가 생겼는지 살핀다. 변화가 있다면 이를 정당화하는 데 사용된 논리를 확인한다.
 3. 해당 문화권 내의 관련 자료들, 이를테면 같은 이야기의 다른 판본들, 등장인물, 행위, 주제 등이 밀접히 관련되는 다른 이야기들, 동일한 범주가 논점이 되는 다른 텍스트들을 모은다. 본래의 텍스트와 이렇게 모은 다른 자료들 사이에 범주와 서열의 차이가 있는지 확인한다.
 4. 이 텍스트들에서 나타나는 범주들과 이 텍스트들이 유통되는 사회집단들의 관계를 조건 짓는 범주들 사이의 관계를 확인한다.
 5. 분석 중인 모든 텍스트의 시기와 저자, 그리고 그것이 생겨나고 유포되며 수용된 환경을 확인한다.
 6. 각각의 이야기 행위를 통해 어떤 이익이 증진되거나, 방어되거나, 타협되는지에 대한 적절한 추론을 이끌어낸다. 사회질서를 구성하는 범주들이 재규정되고 재조정된 결과 기존의 위계질서 안에서 특정 집단이 추켜올려지거나 깎아내려지는 방식에 특히 주목한다.

을 보여주는 역할을 한다.

'공동체 기원찾기' 속 기원신화와 건국신화는 서로 연계되어 있으면서도 일정한 차이를 보인다. 기원신화는 보편적인 것으로부터 시작해 세계의 구축을 설명한다. 따라서 하늘, 땅, 바다와 강 같은 우리의 세계가 어떻게 형성되었는지에 그 내용을 할애한다. 반면 건국신화는 보다 제한적인 것으로, 우주 전체로부터 한 부분의 분리를 전제하고, 세심하게 기억된 출발점을 지닌 특별한 '역사의 정착'을 전제한다. 따라서 기원신화가 우주적(cosmiques)인 반면, 건국신화는 역사적(historique)이다.[46]

기원신화의 경우 세계 곳곳에서 그 예시를 찾을 수 있다. 『성서』의 「창세기」는 총 일곱 날에 걸쳐 세상이 창조되는 과정을 언급하고 있다. 하늘과 대지가 분리되고, 그 분리된 공간 속에서 생활할 인간이 창조되는 과정을 그린 이 글은 가장 유명한 기원신화 중 하나이다. 이집트 신화에는 태초의 바다 '누'에서 창조신 '아툼'이 스스로 태어나 "빛이 있으라"고 하자 태양신 '라'가 태어났으며, 이후 '라'는 말씀으로 세상을 창조했다는 내용이 담겨 있다. 중국 신화의 경우 '반고'라는 거인의 육체에서 세상이 창조되었다고 해석하고 있으며, 한국에도 '설문대 할망'과 같은 대지모신이 세상을 창조했다는 신화가 전해 내려온다.

이러한 기원신화의 특징은 문화콘텐츠의 설정에도 중요하게 작용한다. 문화콘텐츠 속 기원신화는 방대한 세계관 형성을 위해 과거부터 취해진 하나의 방법론이다. 근래에도 〈월드 오브 워크래프트〉(World of

---

46) L. Boia, 앞의 책, 1998. 169쪽 참조.

Warcraft, 2004)와 같은 인기 MMORPG(Massively Multiplayer Online Role-Playing Game)가 세계관 형성의 시작점에 기원신화를 삽입함으로써 플레이어에게 좋은 반응을 얻은 바 있다. 〈월드 오브 워크래프트〉의 배경이 되는 세계는 먼 우주에서 온 티탄이라는 존재가 형성한 것으로, 이들은 '뒤틀린 황천'에서 온 사악한 존재들을 막기 위하여 살게라스라는 캐릭터를 통해 질서 있는 우주를 형성하려 한다. 티탄과 살게라스는 자신의 수하를 부려 게임 속 스토리와 시각 이미지에 끊임없이 영향을 미친다. 이러한 배경 설정은 기원신화가 현대의 문화콘텐츠에서 발현된 대표적인 예시이다.

한편 건국신화는 역사적 기원을 찾는 문화콘텐츠에서 주로 다뤄진다. 〈용의 눈물〉(1996), 〈주몽〉(2006), 〈대조영〉(2006) 등은 건국이라는 역사적 사건과 더불어 건국영웅의 스토리를 다룬 대표적인 사극이다. 건국신화를 다룬 사극은 주역인 건국영웅이 역경을 이겨내고 동료들과 함께 새로운 국가를 설립하는 스토리를 전면에 내세운다. 이때 주된 테마로 언급되는 것은 '정통성'과 '공동체 가치의 회복'이다. 〈용의 눈물〉에서 태조 이성계와 태종 이방원 부자간 대립이 일어난 이유는, 아직 조선이라는 국가가 안정화되지 않았기에 발생할 수 있는 공동체 붕괴의 위험을 어떻게 방지할 수 있을지에 대해 서로 다른 답을 제시했기 때문이다. 위험성 제거와 안정성 확보의 문제는 자연스럽게 왕국의 근간을 이루는 정통성과 공동체 가치의 회복으로 환원되어 현대를 살아가는 수용자도 이를 곱씹게 만든다. 시기상 〈용의 눈물〉 직후의 조선을 다룬 〈대왕 세종〉(2008)이나 〈뿌리 깊은 나무〉(2011)도 유사한 맥락에 속하는 드라마들이다.

이러한 역사적 기원의 현재화와 관련된 예시는 '건국의 아버지'들을 다룬 미국의 문화콘텐츠에서도 찾을 수 있다. 미국을 만든 아버지들은 "미국민을 『성서』의 「출애굽기」에 결부해 빛나게 결부시켰다."[47] 따라서 미국 문화콘텐츠, 그 중에서도 특히 영화에 속하는 것들이 그들의 건국영웅인 대통령에 관한 역사적 사건을 자주 다룬 것은 결코 우연이 아니다. 그 중 일부는 올리버 스톤의 〈JFK〉(1991)처럼 대통령 암살 뒤에 숨은 음모론을 묘사하는 데 집중하기도 하고, 같은 감독의 〈닉슨〉(Nixon, 1996)처럼 대통령 개인의 과오를 통한 몰락을 주된 내용으로 삼기도 한다. 그러나 이 영화들의 시선은 다수의 미국인이 건국 과정에서 희생되었으면서도 지키고자 했던 공동체 가치의 회복에 고정되어 있다. 이는 오늘날 미국인들이 누리는 모든 것을 건국에서 현재에 이르는 거대 서사의 일부로 편입시키려는 야심찬 문화적 행위라 할 수 있다.

롤랜드 애머리히(Roland Emmerich)의 〈패트리어트: 늪 속의 여우〉(The Patriot, 2000)나 마틴 스콜세지의 〈갱스 오브 뉴욕〉(Gangs Of New York, 2002)과 같은 영화는 이러한 편입의 의도를 더욱 노골적으로 드러낸다. 〈패트리어트: 늪 속의 여우〉에서 주인공 마틴은 영국과 프랑스의 식민지 쟁탈전에서 영국의 편에 서서 큰 공을 세운 전쟁영웅이다. 그러나 그는 한때 자신의 편이라 믿었던 영국이 식민지인 미국을 폭압하는 정책을 취하자, 그들에게 맞서 독립을 쟁취하기 위해 싸

---

47) 위의 책, 171쪽.

운다. 마틴이 일으키는 영국에 대한 저항 행위는 미국의 건국에서 빼놓을 수 없는 사건이다. 그러나 그의 출신 성분은 한때 영국을 도왔던 군인이었다. 누구도 피해자나 가해자로 단정 지을 수 없는 복잡한 상황은 조지 워싱턴 시절인 18세기에 이미 제기되었던 건국에 대한 고민, 즉 정통성에 대한 문제를 수용자에게 다시금 상기시킨다.

그리고 〈갱스 오브 뉴욕〉은 건국의 전통성을 영화의 테마로 삼은 대표적인 예이다. 이 영화는 뉴욕이라는 현대사회의 심장부를 세운 사람들이 다름 아닌 갱들(gangs)이었음을 지적한다. 영화의 스토리는 건국영웅과 정치가들이 아닌 뉴욕에 거주하는 하층민들이 진정한 미국 건국의 주역이었음을 밝히는 데 초점을 맞춘다. 이는 건국영웅에 대한 기존의 통념에 정면으로 배치되는 것으로, 이 영화를 통해 새롭게 쓰인 건국신화는 세계를 재구축하는 기능을 수행한다. 따라서 〈갱스 오브 뉴욕〉은 미국 건국의 정통성 확보와 공동체의 가치 회복이라는 두 측면을 통해 역사적 기원을 현재화하여 수용자에게 그 의미를 전달한다.

이처럼 '공동체 기원찾기'는 창조와 건국 행위를 기반으로 한 유형으로, 상승지향적인 스토리를 지니며 주체가 되는 캐릭터도 '창조주인 신'이거나 '건국영웅'인 경우가 대부분이다. 다만 '공동체 기원찾기'의 주역이 되는 캐릭터들은 과거의 사실을 통해 현재의 의미를 찾도록 돕는 역할을 수행하기 때문에, 평면적인 신화 속 인물들과 달리 입체적인 모습을 띤다. 따라서 세계의 생성과 건국의 역사적 사건을 다룬 문화콘텐츠라 해도 '공동체 기원찾기' 유형만으로는 분석할 수 없다. 이 유형은 계승, 성찰, 타락의 의미를 지니는 '개인 기원찾기'와 그 역할을 분담한다.

지금까지 우리는 기원구조의 정의와 더불어 대표적인 두 유형인 '개인 기원찾기'와 '공동체 기원찾기'에 대해 살펴보았다. 이제 이 유형에 속하는 행위와 상징을 살피는 것으로 설명을 마무리 지으려 한다. 여기서 **행위**란 해당 유형이 성립되기 위해 취하는 주요한 행동들을 수집한 것이다. 그리고 **상징**은 행위의 수행자 혹은 행위 수행의 결과물들이다.

　먼저 '개인 기원찾기'에 속하는 행위로 '계승'과 '타락'을 들 수 있다. 여기서 계승은 내적 성찰을 동반하며, 계승 행위자의 내적 성찰은 해당 문화콘텐츠의 테마를 담고 있다. 그리고 타락은 오이디푸스 콤플렉스를 따르는 행위로 부친살해를 동반한다. '개인 기원찾기' 속 계승과 타락 행위 주체는 주로 '전사(戰士)'나 '왕자'가 된다. 월남전을 배경으로 한 〈지옥의 묵시록〉과 〈플래툰〉에서 계승 행위의 수행자는 전사인 군인의 신분을 지니고 있다. 그리고 〈워크래프트III〉의 예처럼 타락 행위의 주체는 오이디푸스 콤플렉스의 경우에서처럼 왕자로 설정되는 경우가 잦다.

　한편 '공동체 기원찾기'는 '창조'와 '설립' 행위를 지닌다. 이 유형은 무엇인가를 새롭게 세우는 행위를 스토리의 중심축으로 삼는다. 설립을 목적으로 하는 원형적 행위 중에 세계의 기원을 세우는 행위는 창조이며, 창조는 신과 같은 초월적 실재가 행위 주체가 된다. 그리고 국가의 기원을 세우는 행위는 건국으로, 건국은 건국영웅과 같은 역사 속 인물이 수행하는 행위이다. 창조신과 건국영웅은 공동체의 가치관에 알맞은 새로운 환경을 만드는 역할을 한다. 따라서 '공동체 기원찾기'의 행위는 설립, 창조, 건국이며, 이 유형의 상징은 '창조신'이나 '건국영웅'이 된다.

2. 탈주구조

탈주구조는 역사에 대항하는 인간의 모습을 나타내는 것으로, 역설적이게도 역사 그 자체를 구성하는 요인을 다룬 구조이기도 하다. 인간은 정신적 상승이나 자연 상태로의 퇴행, 미래로의 도주 또는 근원으로의 회귀 등과 같은 상상할 수 있는 온갖 변형을 통해서, 구속으로부터 벗어나고 자신의 육신으로부터 빠져 나오며 조건을 바꾸길 갈망한다.[48] 탈주구조에서 탈주는 단순히 도망을 의미한다기보다는, 자신에게 주어진 현실의 어려움을 극복하기 위해 취한 인간의 본능적 행위를 뜻한다. 따라서 탈주구조는 문화콘텐츠 속 스토리와 시각 이미지가 본격적으로 전개되기 위해 취하는 행위와 상징을 포괄한다.

탈주구조는 보이아의 여덟 구조 중 '탈주'의 직접적인 영향 아래 있다. 탈주구조의 두 유형인 '낙원도피'와 '영웅행위'는 모두 보이아가 여덟 구조 중 탈주를 설명할 때 직접 언급한 것들이다. 다만 이 구조는 죽음을 주된 테마로 다룬 '분신'의 영향을 동시에 받는다. '낙원도피'의 경우 도피 행위와 분식 구조 속 죽음이 서로 연결된다. 그리고 '영웅행위'의 경우 구세주의 희생 행위가 분신과 연결되는 것을 확인할 수 있다.

아울러 이 구조는 뒤랑이 언급한 밤의 체제 속 신비적 구조와도 관계를 맺는다. 신비적 구조의 원형은 거주지 안에서의 비밀스러운 공간, 어머니의 품과 자궁, 나아가 여성 그 자체이다.[49] 낙원과 여성의 상관

---

48) 위의 책, 34쪽.

49) G. Durand, 앞의 책, 1960, 274~276쪽 참조.

관계는 낙원도피 속 아늑하고 에로틱한 스토리와 시각 이미지를 분석하는 데 중요한 역할을 한다. 그리고 신비적 구조에서는 도둑맞은 도둑, 묶이는 묶는 자 등의 아이러니한 원형 또한 자주 등장하는데, 이는 일종의 도치법으로 영웅이 '병적인 영웅'의 신분으로 바뀌는 데 영향을 미친다. 따라서 탈주구조의 두 유형인 '낙원도피'와 '영웅행위'는 신비적 구조가 지니는 특징을 일정 부분 공유한다.

1) 낙원도피

'낙원도피'는 주어진 조건에 대항하는 인간의 '수동적인' 탈주 방식이다. 탈주구조 속 행위 주체가 낙원으로의 도피를 취하면, 자연으로 돌아가고자 하는 퇴행의 상태가 되어 노스탤지어적 심성을 드러낸다. 이때의 노스탤지어적 심성은 낙원으로의 도피를 대표하는 것으로, 이는 대중가요와 해외여행, 그리고 이국적인 상품의 광고 등 다수의 문화적 텍스트를 통해 확인할 수 있다. 엘리아데는 대중가요를 예로 들며 "가장 천박한 노스탤지어라도 '낙원의 노스탤지어'를 감추고 있다"고 언급한 바 있다.[50] 근대 이후 성립된 해외여행의 테마 또한 이국적이면서 과거의 모습으로 돌아가고픈 '인간 본연의 모습 추구'였으며 사진이나 기타 재현 체계는 이러한 환상을 생산하는 수단이었다. 그리고 광고에서도 이국성을 확립하는 시각 이미지의 힘을 확인할 수 있다. "광고는 상품과 경험을 이국성이라는 아우라로 부호화하고 있으며, 소비자는 가상적인 여행객의 경험을 약속 받는다."[51] 따라서 낭만주의적 오리엔

---

50) M. 엘리아데, 앞의 책, 2003, 21쪽.

탈리즘에서 이국 취향, 그리고 흑인 예술과 재즈로 이어지는 '낙원도피'는 오랜 세월 동안 그 명맥을 이어온 유형이다.

또한 '낙원도피'는 프라이가 언급한 로맨스 양식과 공통점을 지니고 있다. "로맨스 양식은 이상화된 세계를 나타내고 있다. 로맨스의 주인공들은 용감하며, 여주인공들은 아름답고, 악인들은 사악하다. 그리하여 일상생활에서 나타나는 욕구불만이나 아리송한 것, 당혹감 등은 전혀 문제가 되지 않는다."[52] 따라서 '낙원도피'는 정형화된 캐릭터와 이상화된 세계를 제시해 수용자가 현실의 괴로움에서 벗어나도록 돕는 역할을 한다.

'낙원도피'가 구현된 문화콘텐츠로는 랜달 크레이저(Randal Kleiser)의 영화 〈블루 라군〉(The Blue Lagoon, 1980)을 들 수 있다. 〈블루 라군〉은 리처드와 에믈린 두 남녀 어린이가 조난을 당한 이래로 이국적인 풍경 속에서 성장하고, 자연스럽게 성징(性徵)을 거치면서, 서로에 대한 사랑을 확인하는 스토리를 지닌다. 이들이 서로를 인식하는 데 있어서 작용하는 두 가지 요소가 있는데 하나는 죽음이고 다른 하나는 성(性)이다. 죽음에 대한 인식은 최초 이들이 섬에 정착하게 될 때 함께 표류했던 무리의 유일한 성인인 선원 페디의 죽음을 통해서 이루어진다. 리처드와 에믈린은 페디의 죽음을 겪으며 자신들이 외부와 단절되어 고립되었으며, 이제 다른 사람의 도움 없이 서로 의지하며 생활해야

51) M. 스터르큰·L. 카트라이트, 『영상문화의 이해』, 윤태진·허현주·문경원 옮김, 커뮤니케이션북스, 2006, 92쪽.

52) N. Frye, *Anatomy of Criticism*, Princeton U. Press, 1957, 299쪽.

함을 깨닫게 된다. 그리고 둘이 서로 다른 존재임을 인식하는 데에는 에블린의 월경(月經)이 중요한 역할을 한다. 월경을 통해 둘은 서로가 성적으로 다른 존재임을 인식하게 된다. 따라서 성에 대한 인식은 두 주역을 "피어나는 서로의 성을 탐험하는"[53] 낙원의 주인공으로 자리매김하도록 돕는다.

이러한 죽음과 성에 대한 인식을 극대화하는 데에는 영화의 공간적 배경이 제시하는 시각 이미지가 일조하고 있다. 피지의 야사와 군도에서 촬영된 영화 속 시각 이미지는 관객으로 하여금 복잡한 현대사회를 벗어나 (당대 최고 미인 중 하나인 브룩 실즈가 연기한) 에블린과 같은 매력적인 여성과 함께 낙원 속에 머무르고 싶다는 생각을 갖게 만든다. '낙원도피'를 직관적인 시각 이미지로 제시한 〈블루 라군〉은 이후 유사한 영화의 프로토타입 역할을 하게 된다. 〈블루 라군〉의 스토리와 시각 이미지를 모방한 스튜어트 길라드(Stuart Gillard)의 〈파라다이스〉(Paradise, 1982), 베트남의 이국적인 풍광을 제시한 장 자크 아노(Jean-Jacques Annaud)의 〈연인〉(L'Amant, 1992)은 〈블루 라군〉의 직접적인 영향 아래 놓인 영화들이다.

한편, 대니 보일(Danny Boyle)의 〈비치〉(The Beach, 2000)는 '낙원도피' 유형을 따르는 것 같으면서도 이를 다시 한 차례 비튼 영화다. 레오나르도 디카프리오가 연기한 주인공 리처드와 그의 동료들은 현실세계를 벗어나 새로운 낙원을 찾고자 태국의 한 해변으로 오게 된다. 그

---

53) 이것은 로리 포스터(Lori Foster)의 할리퀸 소설 『판타지』에 등장하는 표현이다. L. Foster, *Fantasy*, Harlequin Enterpises AU, 2012, 211쪽.

곳에서 그들은 모든 짐을 벗어던지고 흡사 히피와 같은 삶을 영위한다. 그러나 리처드와 그의 동료들이 정착한 해변은 사실 범죄자들의 공간이었고, 그들은 차례로 죽음의 위기를 맞게 된다. 보일이 보여준 낙원은 관객이 바라거나 혹은 예측했던 피난처인 낙원이 아닌 등장인물의 어두운 면을 보여주는 곳이었다. 따라서 〈비치〉의 스토리는 낙원의 시각 이미지와 대구를 이루며 수용자로 하여금 탈주의 공간인 낙원이 진정 이상적인 공간인지에 대하여 다시금 생각하게 만든다.

수동적인 탈주의 공간인 낙원은 전술한 〈블루 라군〉이나 〈비치〉의 예와 같이 휴양지의 형태로 시각 이미지화되는 경우가 많다. 그러나 문화콘텐츠 속에서 다루어지는 낙원은 단순히 현실 속 휴양지만을 일컫는 것은 아니다. 타츠노코 프로덕션의 고전 애니메이션 〈투사 고디안〉(闘士ゴーディアン, 1979)은 도피처인 낙원을 외계에서 찾으려 한 예다. 정체불명의 침략자 마독터와의 오랜 싸움에 지친 인류는 새로운 안식의 공간을 찾길 원했고, 이들은 애니메이션의 마지막 화인 73화 '영광의 초우주(栄光の超宇宙)'에서 초우주라는 낙원으로 이주해 새로운 생활을 영위하게 된다. 애니메이션의 스토리와 시각 이미지가 시리즈 내내 어둡고 무거웠던 것에 비해, 이주를 이룬 마지막 회의 분위기는 밝고 희망차다.

SF 장르에 해당하는 문화콘텐츠는 타자와의 대립을 통해 스토리를 구성하는 경우가 많으며, 이는 〈투사 고디안〉의 경우도 마찬가지이다. 상호 간 대립을 풀어내는 방식은 여러 가지가 있지만, '낙원도피'를 통해 문제를 해결하는 경우 또한 적지 않다. 〈투사 고디안〉의 말미에 비

치는 외계로의 이주는 타자로부터의 탈주가 표출되어 나타난 '낙원도피'의 전형적인 예로, 같은 회사의 애니메이션인 〈우주의 기사 테카맨〉(宇宙の騎士テッカマン, 1975)에서도 이와 유사한 상황을 다루는 것을 확인할 수 있다.

2) 영웅행위

'영웅행위'는 '낙원도피'와 달리 능동적으로 자신에게 주어진 시련을 극복하는 유형이다. 이 유형 아래 탈주는 변화된 자신을 꿈꾸며 환경에 적극적으로 대항하는 행위로 나타나게 된다. '영웅행위'는 유형의 명칭을 통해서도 알 수 있듯이 행위 주체자로 영웅을 상정한다. 캠벨의 설명에 따르면 영웅은 개인적 혹은 역사적 제약과 싸워 이것을 보편적으로 타당하고 인간적인 형태로 환원시킬 수 있는 남자나 여자를 일컫는다.[54] 다만 오늘날 문화콘텐츠 속 영웅은 신화의 영웅처럼 완전무결하지는 않다. 오히려 이들은 일정한 한계를 내재하며 소시민적인 특성을 지니거나, 병적인 트라우마를 앓거나, 혹은 특별한 능력이 없음에도 불구하고 뜻하지 않은 구세주적 행동을 취한다.

이러한 흠결 있는 영웅은 미국의 슈퍼히어로물에서 자주 다루어진 소재이다. 슈퍼히어로물은 펄프매거진의 영향을 받은 미국 만화에서 자주 살펴볼 수 있는 장르이다.[55] 미국 만화 속 슈퍼히어로는 오랜 세월을 거쳐 초기의 단면적인 모습을 벗고 복합적이고 입체적인 인물로

---

54) J. 캠벨, 『천의 얼굴을 가진 영웅』, 이윤기 옮김, 평단문화사, 1985, 23쪽.
55) 김기홍, 『만화로 보는 미국』, 살림, 2005, 42~44쪽 참조.

거듭났다. 이들은 때로는 나약하고 무력하며, 때로는 일상에 쫓기는 인물로 묘사된다.

본래 만화로 시작되었으나 영화를 통해 대중들에게 더 알려진 〈스파이더맨〉은 현실 상황을 타개하기 위한 **소시민적 영웅**의 모습이 적나라하게 드러나는 작품이다. 〈스파이더맨〉의 주인공 피터 파커의 일상은 불행의 연속이다. 그는 언제나 가난하여 식사나 주거 공간에 대한 불편을 감수해야 한다. 그러나 이러한 현실적인 상황과는 별개로, 파커는 악당들과의 대립을 통해 능동적인 탈주인 '영웅행위'를 구현하고 있다. 이는 만화의 에피소드를 영상화한 〈스파이더맨〉 영화 시리즈에서 더욱 구체적으로 묘사된다.

샘 레이미(Sam Raimi) 감독에 의해 세 편이 제작된 영화 시리즈의 전체를 관통하는 주제는 파커의 삼촌인 벤의 대사를 통해 제시된 "큰 힘에는 언제나 큰 책임이 따른다(Great power always comes with great responsibility)"이다. 스파이더맨은 돈을 벌기 위해 사진기자 생활을 하는 등 소시민적인 모습을 보이면서도, 자신이 가진 능력을 의미 있게 쓰는 영웅적 행위를 멈추지 않는다. 이러한 이중적인 상황 속에서 강조되는 것은 힘에 책임을 지고 평범한 사람들을 돕는 스파이더맨의 영웅적 행보이다.

한편 슈퍼히어로들은 화려한 외양을 하고 초능력을 지니면서도 트라우마에 시달리는 경우가 있다. 이들은 작품 속에서 정신병을 앓는 **병적인 영웅**으로 묘사된다. 〈배트맨〉은 이에 대한 직접적인 예이다. 주인공 브루스 웨인은 부유한 겉모습과 달리 부모를 잃고 트라우마에 고통 받는 캐릭터이다. 그는 도시를 정화하는 것에 대한 강박을 가지고 있다. 웨인이 배트맨으로 활동할 때 자주 보이는 범죄자에 대한 무차별적인 폭력은 이러한 강박의 외현(外現)이다.

배트맨이 병적인 영웅임을 잘 드러낸 작품 중 하나로 크리스토퍼 놀란(Christopher Nolan)의 영화 〈다크 나이트〉(The Dark Knight, 2008)를 들 수 있다. 영화 속 주된 악역인 조커는 기존 배트맨 영화에서 등장하는 전형적인 빌런과 달리, 흡사 테러리스트처럼 혼돈 속의 위험을 조성해 고담의 시민들을 공포에 몰아넣는다. 그는 트라우마로 고통 받는 배트맨과 대립을 이루며 현실 속 테러를 상기시키는 행위를 일으켜 관객을 자극한다. 이 영화는 배트맨이 조커를 제거하고 자신이 통제 가능한 위협이 되는 극단적인 방식으로 작품의 주제의식을 표출한다. 배트맨으로 대변되는 병적인 영웅은 용어 자체가 품고 있는 아이러니처럼 '영웅과 악인의 치환'을 통한 도치법적 특성을 보여준다.

문화콘텐츠 속 행위 주체인 캐릭터가 사회의 제약을 극복하고자 나서는 경우에는 **구세주인 영웅**의 모습을 띠기도 한다. 일반적으로 구세주의 역할을 자신과 같은 처지의 무리를 이끌고, 주어진 조건에서 벗어나 그들만의 신세계를 찾는 것이다. 이는 기독교적인 의미의 천년왕국을 지향하고 있다는 점에서, 기원구조의 공동체 기원찾기에 등장하는 창조신이나 건국영웅과는 그 성격을 다소 달리한다.

아이작 아시모프(Isaac Asimov)의 고전 SF 소설을 원작으로 삼는 알렉스 프로야스(Alex Proyas)의 영화 〈아이, 로봇〉(I, Robot, 2004)은 구세주적 영웅의 모습을 보여주는 대표적인 문화콘텐츠다. 이 영화의 주연인 로봇 써니는 박해를 피해 새로운 터를 찾아 떠나는 종교 지도자의 이미지를 지닌다. 그는 꿈을 꿀 수 없는 로봇이지만, 매번 동일한 시각 이미지를 떠올리며 심지어 이를 스케치로 그려내기까지 한다. 그가 그려낸 순간은 자신과 같은 처지의 로봇들이 핍박을 피하여 '약속된 장소로 모이는 순간'이다.

영화의 결말부에 써니는 동료를 모아 구세주의 역할을 완수한다. 그가 그린 '스케치'와 '동료들을 인도하는 장면'은 서로 짝을 이루며 수용자에게 의미를 전달하는 시각 이미지의 역할을 한다. 아울러 써니는 『성서』와 영화 간 상호텍스트성을 잘 보여주는데, 이러한 상호텍스트성은 "시각 이미지의 관습과 장르에 익숙한 미디어적·시각적 식자들을 호명한다."[56] 따라서 써니의 구세주적 행위는 종교적 텍스트 속에서 수없이 언급된 천년왕국의 재현으로 수용자에게 각인된다.

지금까지 우리는 탈주구조의 정의와 더불어 이에 속하는 두 유형인 '낙원도피'와 '영웅행위'를 살펴보았다. 두 유형의 구성요소인 행위와 상징을 살펴보면 다음과 같다. 우선 '낙원도피'는 유형의 명칭에서 확인할 수 있듯이 도피를 주된 행위로 삼는다. 아울러 이 유형을 구성하는 또 다른 행위로 도피에서 파생되었으며 죽음과 성을 포함하는 성적인 행위를 들 수 있겠다. 그리고 '낙원도피'의 상징으로 낙원을 이루는 바다, 섬, 해변 같은 공간적인 요소와 더불어 성적인 행위와 연결되는 매력적인 여성이 있다. 이들은 낙원의 시각 이미지를 만드는데 관여하여 유사한 형태를 띤 문화콘텐츠를 분석하는 기준이 된다. 한편 낙원의 시각

---

56) M. 스터르큰·L. 카트라이트, 앞의 책, 2006, 254쪽.

이미지는 바다, 섬, 해변 등 휴양지의 형상에만 국한되지는 않는다. SF 장르는 낙원을 외계의 신천지로 묘사하는 경우가 많은데, 이때 '낙원도 피'는 이후 살펴볼 대립구조의 타자인식과 연계된다.

'영웅행위'에서의 상징은 이를 보여주는 문화콘텐츠의 캐릭터를 기반으로 도출할 수 있다. 이들은 소시민적 영웅, 병적인 영웅, 구세주인 영웅 등의 모습을 띤다. 그리고 이러한 영웅들이 취하는 행위는 세속적인 생활에 적응하거나, 악역으로의 도치를 겪거나, 무리를 인도하는 구세주적 행위를 취하는 것으로 나뉜다. 이는 '공동체 기원찾기' 속 영웅들의 행위와는 구분되는 것으로, 문화콘텐츠 분석을 위한 원형적 구조 아래 속하는 영웅의 모습은 건국을 이뤄내는 상승지향의 영웅과 더불어 평범한 생활을 영위하는 소시민적 영웅, 도치법 아래 적대자인 빌런과 밀접한 관계를 맺고 있는 병적인 영웅, 전통적인 종교적 텍스트 속 인물과 상호텍스트적 연결고리를 지니는 구세주인 영웅으로 분화된다. 특히 최근에 제작된 문화콘텐츠에서는 소시민적이고 병적인 영웅을 자주 발견할 수 있는데, 영화 〈왓치맨〉(Watchmen, 2009)의 등장인물 다수가 소시민적인 모습을 보인다면 이안(李安) 감독의 〈헐크〉(Hulk, 2003)는 병적인 영웅이 어떻게 형성되는지를 보여준다. 이외에도 2000년대 이후에 활발히 OSMU되는 슈퍼히어로의 상당수가 이러한 흠결 있는 영웅의 모습을 보여준다.

탈주구조에 있어서 흥미로운 것은 이 구조에 속하는 유형의 분화가 캐릭터의 행위에 주로 의존하고 있다는 점이다. 물론 다른 구조에서도 행위는 유형의 특징을 형성하는 데 중요한 역할을 한다. 그러나 탈주구조의 일견 상반되어 보이는 두 유형은 전적으로 캐릭터의 행위를 중심에 두고 형성된 것이다. 이는 주어진 조건에 대한 인간의 보편적인 두 가지 선택, 즉 이를 '회피할 것인가' 아니면 '맞서 싸울 것인가'를 단순화한 것으로 볼 수 있다. 따라서 탈주구조 아래 속하는 '낙원도피'와 '영웅행위'의 두 유형은 이후 뒤따를 대립구조 및 통일구조 속 스토리와 시각 이미지에도 중요한 영향을 미치게 된다.

3. 대립구조

대립구조는 서로 대립되는 것들이 일정한 시간과 공간 내에서 겪는 충돌을 반영한 원형적 구조이다. 우리는 남성과 여성, 보수와 진보, 보편과 개별이 야기하는 차이들로 인해 상호 충돌을 겪는 경우를 자주 보게 된다. 그러나 이러한 대립은 설령 그것이 표면화되어 문제를 야기했다 해도 최종적으로는 조화를 이루며 원만히 마무리되는 경우가 잦다. 보이아 또한 '대립적인 것들의 투쟁과 상호보완성'이라는 원형적 구조를 통해 조화를 이루는 결과를 상정하였다. 따라서 본 절에서 대립이라고 일컫는 일련의 행위는 '더 나은 미래를 위한 역동적인 움직임'이라 할 수 있겠다. 이 역동적인 움직임 속에서 대립 당사자들은 자신이 속해 있는 공동체나, 공동체가 추구하는 가치를 위해 상대에 대항하여 투쟁한다.

보이아가 '대립적인 것들의 투쟁과 상호보완성'에 대해서 언급한 것은 서구사회와 비서구사회의 대립과 충돌을 설명하기 위해서였다. 이때 대립의 대상이 되는 비서구사회는 서구에도 어느 정도 알려진 문명 사회인 아시아를 뜻한다.[57] 이는 뒤랑에게 있어서도 마찬가지로, 그의 이미지에 대한 초기 담론은 서구 이성주의와 합리성에 대한 대립항으로 기능한다.[58] 이처럼 대립은 보편성을 지니는 원형적 행위이므로 이를 다룬 문화콘텐츠는 도처에서 발견된다. 특히 영상물은 디테일한 요소를 시각 이미지로 전달할 수 있기 때문에, 텍스트로만 구성된 소설 등에 비해 스토리가 단순해지기 쉽다. 따라서 스토리를 보충하고 짧은 시간 내에 카타르시스를 전달하기 위해서는, 영상물 내에 수용자가 직관적으로 받아들일 수 있는 선명한 갈등이 있어야 한다. 우리는 영화의 예에서 이러한 사실을 확인할 수 있다. 〈라이언 일병 구하기〉(Saving Private Ryan, 1998)와 같은 전쟁영화에서 보이는 도입부의 화려한 전투 장면은 아군과 적군을 구별하는 대립의 시각적 축약판이다. 이러한 전쟁영화에 있어서 선명한 갈등을 야기하는 대립적인 것들의 투쟁은 필수적인 요소이다.

대립구조를 구성하는 두 유형은 '타자인식'과 '대립과 진보'이다. '타자인식'은 보이아가 이타성이라 부르던 것으로 뒤랑의 분열행태적 구조와 관련을 맺는다. 분열형태적 구조 속에서 타자는 나와 구분되는 존재로 '구분하다'라는 동사적 도식을 통해 구현된다. 그리고 이러한 구분은 극적인 대립을 불러오게 된다. 한편 '대립과 진보'는 '타자인식'의 연장

---

57) L. Boia, 앞의 책, 1998. 114쪽 참조.

58) 박치완, 「질베르 뒤랑의 제3의 논리와 시니피에의 인식론」, 『철학연구』 제39 집, 고려대학교 철학연구소, 2010, 133~135쪽 참조.

선상에 선 유형이다. 우리는 '대립과 진보'를 통해 대부분의 문화콘텐츠가 상정하고 있는 극적인 대립과 그 결말은 단순히 파국으로 치닫는 과정이 아닌 더 나은 미래로 향하기 위한 '역동적 움직임'인 것을 확인할 수 있다. 대립구조는 다른 원형적 구조와 마찬가지로 보편적인 행위를 함축하며, 특히 문화콘텐츠 분석을 위한 네 개의 원형적 구조 중에서도 분석자의 부름을 자주 받는 곳에 위치해 있다.

1) 타자인식

'타자인식'을 설명하기 위해 우선 미국의 대중문화를 간략히 언급할 필요가 있다. 미국 대중문화는 크게 할리우드 영화와 펄프매거진이라는 두 개의 뿌리를 두고 성립되었다. 할리우드 영화는 서부영화와 1950년대 시네마스코프(Cinema Scope)[59]를 비롯한 대작 영화의 등장, 그리고 촬영 스튜디오의 양적 성장을 촉진시킨 SF 영화의 대량생산을 통해 발전했다. 펄프매거진은 에로틱 로맨스, 범죄, 공상과학, 모험 등을 주요 소재로 삼아 현대 미국문화콘텐츠의 장르적 기반을 제시했다. 이둘은 스크린과 책이라는 서로 다른 미디어를 기반으로 성장했지만 내부에 대립구조를 품고 있다는 공통점을 지닌다. 특히 펄프매거진이 만화와 여타 소설 등에 자신의 자리를 내어준 것에 비해, 할리우드 영화는 아직까지도 세계 영화시장의 상당 부분을 잠식하며 그 지위를 유지하고 있다.

---

59) 시네마스코프는 2.35:1의 화면비를 채택한 와이드 스크린으로 기존의 1.35:1 비율에 비해 풍부한 화면을 담아낸다.

할리우드 영화 중 서부영화는 〈하이 눈〉(High Noon, 1952)의 예가 그러하듯이 보안관과 떠돌이 총잡이들이 서로 대립하며 생성되는 갈등을 스토리의 기반으로 삼는다. 시네마스코프 시대의 대작 영화들은 〈벤허〉(Ben-Hur, 1959)의 경우처럼 소설을 원작으로 삼는 경우가 많지만, 표현의 문제와 더불어 한정된 러닝타임 속에서 강렬한 인상을 남기기 위해 주인공의 투쟁을 원작보다 극대화한다. 그리고 SF 영화는 대립구조가 가장 극명하게 드러나는 예로, 외계인을 위시로 한 미지의 존재는 당시 미국과 갈등을 빚고 있던 공산주의 국가들을 상징한다. SF 영화는 냉전의 갈등을 미래세계로 치환하고, 미국과 소련 사이의 다툼을 간접적으로 보여준다. 할리우드 버전에서 '우리'란 항상 미국인이므로 공공연하게 정치적일 필요도 없다. 따라서 SF 영화는 미국인의 세계관을 지지한다.[60]

SF 영화에서 대립의 대상으로 끊임없이 등장하는 것은 상상의 존재인 외계인이다. 외계인은 현실과 유리된 존재이면서도, 현실 속 타자의 특성을 은유적으로 드러낸다. 흥미로운 점은 SF 영화에 등장하는 외계인이 크게 **살인괴물**과 **복제인간**의 두 가지 모습을 띤다는 것이다. 니콜라스 미르조에프(Nicholas Mirzoeff)에 따르면 이 두 가지 모습은 "유럽인이 식민지를 확장하던 제국주의 시대 동안 형성된 계급화로부터 대두된 것이다."[61] 이 중에서 살인괴물이 예측할 수 없는 공포를 반영한

---

60) N. 미르조에프, 『비주얼 컬처의 모든 것』, 임산 옮김, 홍시커뮤니케이션, 2009, 331쪽.

61) 위의 책, 344쪽.

다면, 복제인간은 공동체에 내재된 불안 요인을 상징한다.

살인괴물의 특성을 지닌 외계인이 등장하는 대표적인 예로 영화 〈에이리언〉 시리즈를 들 수 있다. 에이리언으로 통칭되는 외계생명체는 피마저 산성으로 구성되어 인간의 생명을 위협하는 존재다. 이들은 다른 생명체의 몸을 숙주로 삼아 번식하는데, 복부를 뚫고 나오는 유생의 시각 이미지는 관객에게 외계인에 대한 부정적인 인식을 심기에 충분하다. 또한 에이리언은 시리즈 내내 공포감을 자아내는 타자이면서 아이러니하게도 인간의 탐욕을 비추는 도구가 된다. 시리즈의 첫 작품인 〈에이리언〉(Alien, 1979)에서부터 프리퀄이자 최신작인 〈프로메테우스〉(Prometheus, 2012)에 이르기까지 사건의 배후에 위치한 웨이랜드 유타니사(社)는 등장인물의 희생은 아랑곳하지 않고 에이리언과 인간을 결합해 생체병기로 활용할 음모를 꾸민다. 이처럼 영화 속 에이리언은 비록 무섭지만 필요에 따라서 언제든지 포획되고 활용될 수 있는 식민지적 타자의 입장을 반영한다.

복제인간의 적절한 예로는 동명의 1951년도 영화를 리메이크한 존 카펜터(John Carpenter)의 〈괴물〉(The Thing, 1982)을 들 수 있다. 이 영화는 남극을 배경으로 인간의 몸에 숨어들어 인간 행세를 하며 공동체를 잠식하는 외계인의 이야기를 다루고 있다. 〈괴물〉에서 중요하게 다루어지는 규칙은 영화 속 외계인이 단순한 괴물이 아니라 모양을 자유자재로 변형시킬 수 있으며, 어떤 생명체든 복제할 수 있는 존재라는 점이다. 이러한 외계인의 특징은 영화 속 등장인물들에게 '자신의 동료가 외계인일지도 모른다'는 불확실성을 자극하며, 이는 관객에게 긴장감을 안겨주는 중요한 요인이 된다. 이 영화의 절정부에는 영화 속 등장인물들이 외계인을 찾아내기 위해 뜨거운 바늘을 혈관 속에 집어넣는 등 인간 테스트의 심판을 받는 장면이 나온다. 관객은 이 장면을 보며 언제 외계인이 발견될지 모르는 스릴을 느낌과 동시에, 할리우드 내 공산주의자를 색출해낸 매카시즘(McCarthyism)과 같은 타자 혐오의 역사적 사건들을 자연스럽게 떠올리게 된다. 이러한 복제인간의 등장과 공동체의 내분 같은 소재는 카펜터의 다른 영화인 〈화성인 지구 정복〉(They Live, 1988)을 통해서도 확인 가능하다.

한편 최근의 SF 영화들은 외계인을 살인 괴물이나 복제인간의 범주에만 머무르게 하지 않는다. 오히려 외계인을 동등한 지위의 생명체로 상정하고 이들과의 화합을 도모한 영화들이 자주 눈에 띈다. 물론 〈이티〉(E.T., 1982), 〈코쿤〉(Cocoon, 1985), 〈8번가의 기적〉(Batteries Not Included, 1987)과 같은 80년대 SF 영화들 또한 이러한 면을 보여줬으나, 외계인을 지구인의 동료로 다루는 스토리와 시각 이미지를 더욱 직설적인 방식으로 선보인 것은 제임스 카메론(James Cameron)의 〈아바타〉(Avatar, 2009)이다.

〈아바타〉는 서로 다른 문화의 만남을 다룬 〈늑대와 춤을〉(Dances With Wolves, 1990)과 유사한 스토리를 지니지만, 이를 SF 장르의 공식으로 다시 한 번 비튼 영화이다. 〈아바타〉와 〈늑대와 춤을〉은 내용상 상당히 많은 요소를 공유한다. 이들은 타자에 대한 접근과 적응을 유사한 형태로 그려내며, 타문화에 동질화되면서 새로운 인생을 사는 주인공의 모습을 다룬다. 다만 〈아바타〉는 인디언이 아닌 가상의 종족인 나비족(Na'vi)을 통해서 타자와의 동화과정을 기존의 문화콘텐츠에 비해 더욱 직접적인 시각 이미지로 표현하였다. 영화의 결말부에 주인공 제이크는 자신의 정신을 나비족의 신체에 옮김으로써 완전한 타자로 거듭나게 된다. 앞서 살펴본 〈괴물〉의 예에서처럼, 본래 남의 모습으로 전이되는 것은 복제인간에 속하는 외계인이 지니는 특징이었다. 그러나 〈아바타〉에서 이러한 특징은 타자에 대한 동화를 직관적으로 드러내는 장치가 된다.

그리고 타자로의 전이와 더불어 이 영화에서 중요한 역할을 하는 것은 나무의 원형이다. 인간이 나비족의 거주 지역을 침범한 것은 그들이 신성시하는 신목(神木) 밑에 방대한 양의 광석이 매장되어 있기 때문이다. 그리고 나비족이 신목을 신성시하는 이유는 단순히 그것이 토템이기 때문이 아니라, 실제로 나비족의 정신을 하나로 묶어주는 중앙 네트워크 서버의 역할을 하기 때문이다. 뒤랑에 의하면 나무는 우주의 종합이고 수직화된 우주이자, 진보의 상징이다.[62] 따라서 영화 결말부에서 제이크가 나비족의 육체로 자신의 정신을 옮기는 과정에 나무의 시각 이미지가 등장하는 것은 우연이 아니다. 이는 수직화된 우주 속에서 '타자로의 전이'라는 진보를 일궈내는 과정을 압축적으로 제시하는 것이라 볼 수 있다.

지금까지 우리는 SF 영화를 통해 문화콘텐츠 속 '타자인식'이 어떠한 형태로 표출되는지 확인했다. 여기에 덧붙여 타자에 대한 인식을 문화라는 키워드로 풀어낸 예를 하나 더 살펴본다.

---

62) G. Durand, 앞의 책, 1960, 393, 398쪽.

우리가 알고 있는 바와 같이 할리우드 SF 영화는 SF 장르에 속하는 문화콘텐츠 전반에 큰 영향을 미쳤다. 이에 대해서는 여러 가지 예를 들 수 있지만, 가장 직접적인 연관성을 보이는 것은 일본의 SF 애니메이션이다. 〈사일런트 뫼비우스〉(サイレントメビウス, 1991)는 영화 〈블레이드 러너〉(Blade Runner, 1982)의 시각적인 지배 아래 놓여 있으며, 훗날 수없이 많은 후속작을 낳은 〈기동전사 건담〉(機動戦士ガンダム, 1979)의 경우 〈스타워즈〉(Star Wars, 1977)에서 스토리와 시각 이미지를 차용하였다. 그러나 지속적인 문화콘텐츠 제작을 통해 일본 SF 애니메이션은 단순한 할리우드 SF 영화의 모방에서 벗어나 고유의 장르적 양식을 구축했다.

이에 대한 대표적인 예로 〈마크로스〉(マクロス) 시리즈를 들 수 있다. 시리즈의 첫 번째 작품인 〈초시공요새 마크로스〉(超時空要塞マクロス, 1982)의 세계관을 공고히 한 극장용 애니메이션 〈초시공요새 마크로스: 사랑·기억하고 있습니까〉(超時空要塞マクロス 愛·おぼえていますか, 1984)는 대립 상황을 대중문화, 그 중에서도 대중가요를 활용하여 풀어낸다. 이 애니메이션은 인류의 잔존 세력인 지구 통합군과 외계에서 온 세력인 젠트라디의 대립을 배경으로 한다. 두 세력은 끊임없는 충돌 속에서 최후의 결전을 맞게 되는데, 이때 여주인공인 민메이가 부르는 노래가 중요한 요소로 작용한다. 이 노래는 과거 고대인이 남긴 디스크에서 가사를 추출한 것으로, 대립 상황을 종식시키는 '문화의 힘'을 보여준다. 이후 애니메이션 속 인류와 외계인은 모든 대립 행위를 걷어내고 하나가 되는데, 이들이 하나의 밴드를 이루어 공

연하는 애니메이션 종반부의 장면은 대립의 종식과 화합을 상징적으로
보여준다.

2) 대립과 진보

대립구조 속 '타자인식'을 통해 우리는 문화콘텐츠 속 이타성, 상호
간 대립과 보완의 과정을 확인할 수 있었다. 이제 우리가 살펴볼 것은
타자에 대한 인식을 통해 확보된 상호 간 대립이 확대되는 과정이다.
그리고 대립은 상호보완의 전기가 되어 진보의 방향으로 나아가는데,
이에 해당되는 사례들도 함께 살펴볼 것이다.

뒤랑에 따르면 "모든 소설과 영화의 기교는 극적인 대립을 근간으로
하고 있다."[63] 우리가 접하는 대부분의 문화콘텐츠는 대립을 상정하며,
그 대립이 절정에 달하는 순간 변화가 일어난다. 진보는 이러한 극적인
대립의 결과물이며 절정에 달한 대립의 결과는 결코 '원점으로의 회귀'
가 아니다. 보이아의 언급대로 "지속적인 진보를 생각할 수 없었던 것
이 고대 문명 붕괴의 원인 가운데 하나"[64]였음을 상기할 때, 상호 간
대립의 결과물은 변증법적 과정을 거쳐 자연스럽게 진보의 방향으로
향한다. 즉, 양립적인 요소는 서로 조화되지 않은 채 대립을 지속함에
그치지 않으며, 이들의 대립은 더 나은 미래를 지향한다. '대립과 진보'
는 이와 같은 '선형적 발전'을 토대로 삼은 유형이다.

'대립과 진보' 유형을 문화콘텐츠에 적용할 경우 그 특징은 스토리와

---

63) 위의 책, 404쪽.

64) L. Boia, 앞의 책, 1998, 175쪽.

시각 이미지 양 측면에서 살펴볼 수 있다. 우선 스토리 측면에서 대립은 절정부를 구성한다. 특히 진보를 상정한 스토리의 경우 대립은 전혀 예측하지 못한 의외의 결말을 불러오기도 한다. 그리고 시각 이미지의 측면에서 대립은 서로 대극을 이루는 상징이 하나의 문화콘텐츠 내에서 어우러지는 것으로, 강렬한 시각적 대립과 상호보완을 일으킨다. 이를 각각 예시로 살펴보면 다음과 같다.

스토리상 대립을 진보의 차원으로 연계한 사례로 만화 『왓치맨』(Watchmen, 1986)을 들 수 있다. 『왓치맨』의 스토리 속 대립은 크게 두 가지로 나타난다. 하나는 정체불명의 적대자가 왕년의 히어로들을 살해한다는 것이다. 과거 팀을 이룬 히어로였던 로어셰크와 나이트 아울은 옛 동료인 코미디언을 살해한 자를 찾아내려 한다. 그리고 다른 하나는 미국과 소련의 대립으로, 서로 간의 첨예한 갈등이 증폭되어 핵전쟁 진적 상황으로 치닫게 된다.

스토리의 절정부에서 두 대립은 하나의 지점으로 모인다. 사실 히어로를 살해한 자는 과거 그들의 동료였던 오지만디아스였으며, 그의 목적은 동료들이 알아채기 전에 뉴욕시가 외계인의 습격을 받아 파괴된 것처럼 꾸미는 것이었다. 그가 이러한 파괴행위를 계획한 것은 외계인이라는 새로운 타자의 출현이 냉전의 대립을 종식시키고 세계에 질서를 가져다 줄 것으로 기대했기 때문이다. 결국 오지만디아스의 계획은 적중했으며, 인류는 뉴욕시의 파멸을 뒤로 한 채 핵전쟁의 위협에서 벗어나게 된다.

스토리 작가인 앨런 무어(Alan Moore)가 『왓치맨』에서 제기한 문제는 다수를 위한 행위가 정의론적 관점으로 설명되기 어렵다는 점이다.[65] 그러나 대립구조적 관점에서 보면 이러한 윤리적 판단의 문제는 부차적인 것이 되고, 오히려 스토리의 '대립과 진보'가 두드러져 보이게 된다. 핵전쟁의 구현은 대립의 종말이 원점으로의 회귀인 세계 멸망으로 귀결됨을 의미한다. 그러나 어느 정도의 희생을 통한 상호보완을 택하면, 종말을 막고 진보로 나아가는 계기를 맞이하게 된다. '대립과 진보'를 통한 스토리 분석에서 중시되는 것은 결국 해당 작품을 원점으로 되돌려 놓을 것인가, 혹은 발전된 미래로 이끌 것인가의 문제이다.

시각 이미지에서의 '대립과 진보'는 몇몇의 상징을 통해서 살펴볼 수 있다. 뒤랑에 의하면 불은 진보를 나타내는 상징이며 순환의 몽상은 불의 출현에 의해 깨진다.[66] 불은 바슐라르의 물질적 상상력에서처럼 정념의 상징이기도 하지만, 강하게 사르는 힘으로 나아가며 진보를 대표하는 상징의 역할을 하기도 한다. 불의 상징을 도상으로 구현한 것이 바로 스바스티카(swastika, 卍)이다. 스바스티카는 십자가에 말뚝을 박아 고정시키고 가죽벨트로 불을 발생시키는 도구에서 유래된 것으로 불의 생성과 깊은 관련을 맺는 도상이다.[67] 아울러 이 도상은 한때 나치의 상징으로 사용되었기에, 나치를 다룬 많은 수의 문화콘텐츠가 스바스티카를 '대립과 진보의 도상'으로 활용하고 있다.

---

65) C. Robichaud, "THE SUPERMAN EXISTS, AND HE IS AMERICAN: MORALITY IN THE FACE OF ABSOLUTE POWER", *Watchmen and Philosophy: A Rorschach Test,* John Wiley & Sons, 2009, 6쪽 참조.

66) G. Durand, 앞의 책, 1960, 389쪽.

67) 위의 책, 381쪽 참조.

이드 소프트에서 제작한 〈울펜슈타인 3D〉(Wolfenstein 3D, 1992)는 스바스티카를 게임 속 주된 시각 이미지로 활용한 대표적인 예이다. 이 게임은 분기 없이 일직선으로 진행되며, 적대자를 총기로 죽이고 다음 레벨로 나아가는 것을 목적으로 한다. 게임의 배경에는 다수의 스바스티카를 발견할 수 있는데, 격렬한 액션 위주의 게임 구성과 불을 상징하는 이 도상은 서로 어우러지며 게임 플레이어를 다음 레벨로 빨리 넘어가게끔 재촉한다.

한편 단순한 도상의 차원을 넘어서 불의 '대립과 진보'를 문화콘텐츠 전체의 시각 이미지로 구현한 예로 랄프 박시(Ralph Bakshi)의 애니메이션 〈파이어 앤 아이스〉(Fire and Ice, 1983)를 들 수 있다. 이 애니메이션에서 두드러지는 것은 불과 얼음의 시각 이미지가 대립하는 것으로, 〈파이어 앤 아이스〉의 오프닝은 양자의 충돌을 극대화하여 보여준다. 얼음 왕국의 지배자 네크론은 빙벽을 불의 왕국에 보내 이들을 멸망시키려 한다. 불의 왕국 병사들이 나무로 된 방어물 위에서 빙벽을 막아내는 장면은 앞으로 이 애니메이션이 어떤 대립을 보여줄 것인지에 대한 수용자의 흥미와 관심을 증폭시키는 시각 이미지 충돌의 좋은 사례다.

그리고 애니메이션의 절정부에서 힘을 되찾은 불의 왕국에서 용암이 넘쳐나 얼음의 왕국으로 흘러들어오면서 시각 이미지의 대립은 극대화된다. 종반부에 모든 얼음이 녹고 대지가 드러나는 장면은 평화로운 결말과 연결되어, 극적인 대립을 해결하고 더 나은 미래로 나아가고자 하는 〈파이어 앤 아이스〉의 테마를 시각 이미지로 구현한다.

지금까지 우리는 대립구조의 정의와 더불어 이 구조에 속하는 두 유형인 '타자인식'과 '대립과 진보'를 알아보았다. 이를 간략히 요약하면 다음과 같다.

우선 '타자인식'에서 주된 행위는 낮의 체제에서의 동사적 도식이자 보이아의 이타성 구조를 형성하는 '구분하다'를 들 수 있다. 너와 나의 구분 짓기는 이 유형의 상징인 타자를 도출하는 기준이 된다. 그리고 SF 영화 속 외계인의 두 분류 중 하나인 '복제인간'의 특징이며, 앞서 살펴본 〈아바타〉의 예처럼 타자의 이해에 대한 시각 이미지를 형성하는 '육체의 전이' 또한 이 유형의 중요한 구성요소가 된다.

한편 '대립과 진보'에서는 불이 지니고 있는 원형성이 진보와 직접 연계된다. 특히 불을 붙이는 도구가 문장으로 변한 스바스티카가 중요한 역할을 한다. 아울러 시각 이미지의 뒤섞임 또한 이 유형에서 두드러지는 행위인데, 〈파이어 앤 아이스〉에서처럼 서로 대립하는 이미지의 충돌은 '대립과 진보'를 시각적으로 보여주는 단초가 된다. 따라서 '대립과 진보'의 주된 행위는 '더 나은 미래를 위한 나아감'과 '시각 이미지의 뒤섞임'이 되며 이 유형의 상징으로 '불' 그 자체와, 불을 일으키는 도구인 '스바스티카'가 속하게 된다.

4. 통일구조

통일구조는 세계를 하나의 통일적인 원리에 따르게 하는 원형적 구조이다. 이 구조는 동질적이고 이해하기 쉬운 세계 속에 살기를 갈망하는 인간의 욕구를 반영한다. 통일구조는 종교적 세계 구축에서 그 기원을 찾을 수 있다. 기독교의 『성서』는 신이 천지를 만든 태초에서 시작하여, 신의 아들 예수와 그의 의지를 받드는 사도가 등장하고, 이들이 역경과 시련을 이겨내며 복음을 전파하는 과정을 연대기적으로 서술하고 있다. 『성서』는 특정한 시간과 공간을 바탕으로 한 것이지만, 보편적인 이상향인 천년왕국을 향한다는 점에서 모든 스토리 중에서 가장 관습적인 것이 된다.[68]

이러한 '세계의 통일'은 종교뿐만 아니라 문화콘텐츠에서도 마찬가지로 살펴볼 수 있다. 문화콘텐츠 속 스토리와 시각 이미지를 형성함에 있어서 그 배경이 되는 통일된 세계를 구축하는 것은 매우 중요한 일이다. 특히 최근의 문화콘텐츠는 OSMU를 염두에 두고 있으므로, 하나의 시작점에서 발원된 콘텐츠 프랜차이즈를 제시해 수용자에게 끊임없는 즐길 거리를 전달하려면 각각의 문화콘텐츠를 하나로 묶는 '세계의 통일' 과정이 반드시 수행되어야 한다.

문화콘텐츠 속 '세계의 통일'은 미디어 기술의 발달과 맥을 같이한다. 기술이 대상을 세밀하게 재현할수록, 현실세계는 문화콘텐츠 속 세계의 연장선상에 있다는 환상이 쉽게 퍼져나가게 된다. 다만 여기서 우리는 세계관 구축을 위한 스토리와 시각 이미지의 상관관계를 짚고 넘어갈 필요가 있다. 미디어 기술의 발달로 오늘날 수용자에게 전달되는 문화콘텐츠의 시각 이미지는 높은 사실성을 띠게 되었다. 그러나 스토리의 경우 과거와 비교했을 때 시각 이미지만큼 변화된 것은 아니다. 적

---

68) N. Frye, 앞의 책, 1957, 267쪽.

지 않은 수의 수용자는 배경에 얽힌 복잡한 스토리를 일일이 이해하지
않으려 한다. 이와 같은 현상은 현대 미디어 기술의 집약체라 할 수 있
는 게임에서 가장 두드러진다.

PC 게임 발전의 폭발적인 상승세를 이끌어낸 〈둠〉(DOOM, 1993)의
경우, 지옥문이 열려 많은 수의 괴물이 화성을 뒤덮자, 주인공은 여기
서 탈출하기 위해 각 단계에 마련된 출구를 찾는다는 단순한 스토리를
지니고 있다. 스토리의 단순함을 보완하기 위해 이 게임이 내세우는 것
은 괴물을 죽이는 시각 이미지의 쾌감 그 자체이다. 〈둠〉의 제작자 존
카맥(John Carmack)은 게임 스토리를 포르노그라피의 그것과 비교하
며 폄하한 바 있다.[69] 이것은 PC 게임 내에서 1인칭 시점의 슈팅 게임,
즉 FPS(First Person Shooter)라는 장르가 정착하는 과정에서 나온 하
나의 일화이다. 당시 게임 제작자들은 세계관 구축에 스토리보다는 시
각 이미지를 더욱 중시했다.

그러나 게임의 발전은 이러한 정체에서 벗어나도록 도와주었다. 여
기에 큰 역할을 한 것이 바로 〈하프 라이프〉(Half-Life, 1998)이다. 이
게임은 열린 차원의 문을 통해 유입된 이계의 괴물을 다양한 무기로 처
치하고, 다음 단계로 넘어가면서 문제의 본질에 접근한다는 점에 있어
서 게임 디자인이 〈둠〉과 크게 다르진 않다. 그러나 〈하프 라이프〉는

---

69) 게임 스토리에 대한 존 카맥의 발언은 다음과 같다. "게임 속 스토리는 포르
노무비의 스토리와 같다. 이야기가 있으리라는 것을 기대할 수는 있지만, 중
요하지는 않다(Story in a game is like a story in a porn movie. It's
expected to be there, but it's not that important)." D. Kushner, *Masters of
Doom*, Random House, 2003, 105쪽.

〈둠〉과는 다르게 음모론을 배경으로 한 통일된 세계관과 스토리를 지니고 있다. 이 게임에서 발생한 모든 상황은 블랙 메사 연구소(Black Mesa Research Facility)라는 비밀 연구소에서 벌어진 일로, 이들이 실험 도중에 발생시킨 대공명현상(Resonance Cascade)이 '젠(Xen)'이라 불리는 다른 세계와 통하는 문을 연 것이다. 게임 속 현실세계(블랙 메사 연구소)와 외부세계(젠)는 각기 다른 세력이 관할하는 공간이며, 각 세력들은 그 역할과 특징이 규정된 세계 아래에 놓여 있다. 치밀하게 짜인 세계관과 이를 수반하는 스토리는 〈하프 라이프〉의 시각 이미지와 결합해 이 게임이 이후 발매될 FPS의 모범이 되게 했다.

'세계의 통일'과 더불어 통일구조에 속하는 유형으로 '원점회귀'를 들 수 있다. 이 유형 또한 문화콘텐츠의 스토리와 시각 이미지 양 측면에서 발현된다. 스토리상 '원점회귀'는 기·승·전에 해당되는 앞선 내용에 대한 결론을 제시함과 동시에, 대립을 종식시키고 그 결과물을 종합해 모든 것을 기원의 시점으로 되돌리는 것을 의미한다. 그리고 시각 이미지상 '원점회귀'는 문화콘텐츠 속 시각적 요소들을 재창조하는 것으로, 세계의 통일과 결합해 문화콘텐츠에 새로운 흥미를 불어넣는 역할을 한다.

1) 세계의 통일

움베르토 에코(Umberto Eco)에 따르면 "작품은 완벽하게 갖추어진 세계여서, 팬들이 마치 사적인 세계의 모습인 것처럼 등장인물과 에피소드를 인용할 수 있는 것으로 우리에게 다가와야 한다."[70] 이러한 문화콘텐츠 속 세계의 구축에 지대한 영향을 미친 장르는 판타지 소설(fantasy fiction)이다. 이 장르는 "일반적으로 하나 또는 그 이상의 리얼리즘에 대한 원칙(principle of realism)을 마법을 통해 위반하는 것을 그 특징으로 한다."[71] 판타지 소설의 대표작으로 우리는 존 로널드 루엘 톨킨(John Ronald Reuel Tolkien)의 소설 『반지의 제왕』(The Lord of the Rings)을 들 수 있다.

『반지의 제왕』은 주인공 프로도와 그 일행의 모험담을 주로 다루지만, 모험담의 뒤에는 방대한 세계관이 설정되어 있다. 주요 등장인물들이 벌이는 모험의 공간적 배경은 가운데땅(Middle-Earth)으로 불리는 가상의 대륙인데, 네 번의 시기를 거쳐 만들어진 가운데땅은 현실 속 중세 유럽과 아랍의 특징을 차용해 다채로운 분위기를 형성한다. 이곳에서는 어둠의 세계에서 온 악과 가운데땅 구성원 간의 대립이 신화처럼 내려오고 있으며, 양자의 다툼에는 흑과 백의 시각 이미지 대립이 반영된다. 선의 마법사 간달프가 백색을, 악의 마법사 사루만이 흑색을 자신의 고유한 색깔로 사용하는 것이 그 예이다. 또한 『반지의 제왕』은 호빗(hobbit), 엘프(elf), 오크(orc)와 같이 오늘날 우리가 여타의 판타지 장르에서 흔히 볼 수 있는 넓은 범주의 종족 개념을 제시했다. 이러한 세계관 내 창조신화, 세력간 대립구도, 종족의 형성은 이후 문화콘텐츠 속 세계관 통일의 시금석이 되었다.

---

70) U. Eco, "Cassablanca: Cult Movies and Intertextual Collage", *Travels in Hyperreality*, Harcourt Brace, 1986, 198쪽.

71) B.W. Shaffer, *The Encyclopedia of Twentieth-Century Fiction*, Blackwell Publishing, 2011, 113쪽 참조.

『반지의 제왕』의 제왕으로 정립된 판타지 소설의 세계관은 TRPG (Tabletop Role-Playing Game)의 일종인 〈던전 앤 드래곤〉(Dungeons & Dragons)으로 전이되어 다양한 활용의 계기를 맞이한다. TRPG는 테이블에 앉아서 대화를 하며 '분담된 역할을 연기하는(role playing)' 게임을 일컫는 용어이다. 구술행위에 의한 상상 속의 역할 분담은 비디오게임에서의 RPG와는 큰 차이를 보인다. TRPG가 던전마스터(dungeon master)라는 스토리텔러를 통해 플레이어가 주어진 상황을 상상하고 그에 맞는 행동을 선택한다면, 비디오게임의 RPG는 오로지 시청각적 자극을 통해서만 이를 인지하고 자신의 판단을 기계적 인터페이스를 통해 프로그램에게 전달한다는 점에서 양자는 구분된다.

〈던전 앤 드래곤〉은 TRPG의 일종으로 일정한 규칙을 담은 룰 북과 게임에 우연성을 부여하는 주사위를 통해 진행되는 보드 게임의 일종이다. 이 게임의 수용자는 고유의 종족과 직업을 선택해 게임의 주관자인 던전 마스터가 제시한 상황을 해결하는 데 주력한다. 던전 마스터가 제시하는 상황은 모험의 목적과 더불어 던전(dungeon)이라는 게임 속 함정과 용으로 대표되는 괴물들의 습격을 구술(口述)하는 역할을 맡는다. 모든 게임 플레이는 룰 북에 제시된 통일된 세계의 지배를 받는다.

던전 마스터가 설정한 상황은 〈던전 앤 드래곤〉의 룰북(rule book)이 제시하는 세계관과 그 규칙을 넘어설 수 없다. 그렇기 때문에 플레이어는 지인의 구술 행위로 게임을 진행함에도 불구하고 세계관을 넘어서는 행위를 할 수 없으며, 이는 플레이어가 게임의 세계를 받아들여 주어진 퀘스트를 몰두하게 만든다. 게임 속 세계는 대단히 치밀하게 짜여 있어서, 플레이어는 사용할 수 있는 물건의 개수와 무게에 이르기까지 적지 않은 부분에 제약을 받는다. 이러한 〈던전 앤 드래곤〉의 세계관은 『반지의 제왕』의 영향을 강하게 받은 것으로, 특히 종족의 분류는 『반지의 제왕』의 그것을 고스란히 반영했다. 〈던전 앤 드래곤〉의 종족은 인간, 엘프, 드워프, 노움, 하프오크 등으로 다분히 『반지의 제왕』을 의식한 구성이다. 다만 네 번째 개정판이 나온 현재에는 골리앗(Goliath)이나 드래곤본(Dragonborn)과 같은 고유의 종족도 추가된 상태이다. 중세의 역사에서 모티브를 얻은 『반지의 제왕』 세계관은 이렇게 〈던전 앤 드래곤〉이라는 PC 게임의 이전 단계로 계승된다.

TRPG와 비교했을 때 PC 기반의 롤플레잉 게임(Computer Role-Playing Game, 이하 CRPG)은 컴퓨터가 던전 마스터의 역할을 대신하는 것으로 볼 수 있다. CRPG의 시조격인 〈울티마〉(Ultima, 1980)는 브리타니아라는 독자적인 세계를 배경으로 삼는데, 이는 게임 제작자인 리처드 개리엇(Richard Garriott)의 『반지의 제왕』 세계관에 대한 변용이다. 또한 〈울티마〉는 과거 게르만족이 사용한 것으로 알려진 룬 문자(Rune)라는 고대문자를 게임의 주된 언어로 사용하는데, 이는 『반지의 제왕』을 위해 고유의 언어를 창조한 톨킨에게서 영감을 얻은 것이다.

〈울티마〉와 더불어 CRPG의 프로토타입으로 손꼽히는 〈위저드리〉(Wizardry) 시리즈는 〈던전 앤 드래곤〉이 지니는 TRPG 속성을 게임에 직접 반영한 대표적인 예이다. 〈위저드리〉의 세계는 모두 미로 형태의 던전으로 이루어져 있으며, 캐릭터의 생성과 그들의 행동은 모두 TRPG의 특성에 따른다.

전술한 CRPG 세계관은 일본의 가정용 게임기 기반 RPG에 계승된다. 일본 RPG의 두 축이라 할 수 있는 〈드래곤 퀘스트〉(ドラゴンクエスト)와 〈파이널 판타지〉(ファイナルファンタジー) 시리즈는 서구 RPG가 지닌 특징을 저연령층이 받아들이기 쉽도록 단순화하고, 여기에 일본의 문화적 상징을 더해 고유의 양식을 구축했다.

〈드래곤 퀘스트〉 시리즈는 〈울티마〉와 〈위저드리〉의 특징을 모두 지닌 게임이다. 이 게임은 〈울티마〉의 캐릭터를 직접 움직이는 인터페이스와 〈위저드리〉의 1인칭 시점 전투화면과 같은 시각 이미지를 모두 차용하였다. 그리고 게임의 배경이 되는 공간을 고전적인 TRPG의 설정에서 비롯된 던전과 동굴 같은 폐쇄된 곳에서 벗어나 산이나 들, 바닷가 등 시야가 트인 곳으로 확장했다. 모험 공간의 다양화와 이에 뒤따르는 시각 이미지의 변화로 인해 〈드래곤 퀘스트〉는 서양의 CRPG에 비해 더 밝은 분위기를 형성하고 있다. 아울러 스토리에서도 영웅의 모험이라는 직관적인 내용을 제시해, 〈울티마〉나 〈위저드리〉의 파티 구성원 간 협력을 중시하는 구도에서 고유의 캐릭터성을 내세우는 방식으로 바꾸게 된다.

〈파이널 판타지〉 시리즈는 이러한 게임 속 캐릭터성이 더욱 강조된 예이다. 이 게임은 영화나 애니메이션처럼 규격화된 캐릭터를 제시하는데 이는 앞서 살펴본 〈던전 앤 드래곤〉의 장르적 양식, 즉 자신이 캐릭터를 생성하여 역할에 몰입하는 RPG 고유의 특징과 정면으로 배치된다. 〈파이널 판타지〉 시리즈는 캐릭터성의 강조라는 게임 내 특징을 보강하기 위하여 7편 이후로 게임이 담기는 미디어를 기존의 롬 카트리지에서 컴팩트 디스크(CD)로 변경하게 된다. 이 시리즈는 미디어 변경 이후 더 많은 양의 정보를 담을 수 있게 되면서 게임이라기보다는 한 편의 영화를 감상하는 것과 같은 구성으로 게임 속 스토리와 시각 이미지를 일신한다. 이러한 변화는 개별 게임의 세계관 형성에도 영향을 미쳐 〈파이널 판타지〉라는 동일한 브랜드에 각 게임이 묶일 수 있는 근거는 소환수(召喚獸)처럼 중복해서 등장하는 일부 캐릭터의 설정과 시각 이미지로 제한된다.

앞서 살펴본 예시를 통해 우리는 판타지 장르 속 통일된 세계의 구축 과정을 확인했다. 그러나 통일된 세계의 구축은 비단 판타지 장르에만 국한되는 것은 아니다. 오늘날 대중의 지지를 얻은 문화콘텐츠는 OSMU되는 것이 일반적이다. 따라서 초기에는 단순한 세계관을 가지고 있던 문화콘텐츠가 OSMU되면서 새로운 설정이 부여되어 더 큰 세계관을 형성하기도 한다.

이러한 과정에 놓인 문화콘텐츠의 예로 〈트랜스포머〉(Transformers) 시리즈를 들 수 있다. 이 시리즈는 최초 완구 판매의 촉진을 위해 제작된 TV 애니메이션에서 시작되었다. 흔히 G1이라 부르는 첫 번째 TV 애니메이션의 세계관은 매우 단순한 것이었다. 작업을 목적으로 하는 오토봇(Autobot)과 전투를 목적으로 하는 디셉티콘(Decepticon)은 오랫동안 대립을 하고 있었다. 이 대립관계의 설정과 더불어, 캐릭터 대부분이 일상에서 볼 수 있는 물건으로 '변신한다(transform)'는 원칙이 〈트랜스포머〉 첫 번째 TV 애니메이션 세계관의 전부였다. 그러나 TV 애니메이션의 스토리를 잇는 극장용 애니메이션 〈트랜스포머 더 무비〉(The Transformers: The Movie, 1986)가 등장하면서 〈트랜스포머〉의 세계관은 확장된다. 이 극장용 애니메이션은 오토봇의 수장인 옵티머스 프라임의 사망과 그의 유지를 잇는 새로운 리더인 핫 로드의 모험을 주로 다룬다. 주역 캐릭터의 교체를 중심으로 새롭게 시작되는 스토리와 시각 이미지는 〈트랜스포머〉 시리즈의 세계관이 확장되는 계기를 만든다.

이후 〈트랜스포머〉 시리즈는 다양한 장르로 OSMU되면서 세계관의 외연을 넓힌다. 영화로 상영된 〈트랜스포머: 사라진 시대〉(Transformers: Age of Extinction, 2014)나 새로운 애니메이션 시리즈인 〈트랜스포머: 로봇 인 디스가이즈〉(Transformers: Robots in Disguise, 2015), 게임으로 발매된 〈트랜스포머: 워 포 사이버트론〉(Transformers: War for Cybertron, 2010) 등은 확장된 세계관을 구성하는 OSMU의 대표적인 예이다.

특히 출판만화의 형태로 추가된 이슈들은 〈트랜스포머〉 세계관의 설정을 세밀하게 다듬는다. 미국의 만화출판사 마블 코믹스는 1984년부터 1991년까지 80호의 이슈를 출간하여 〈트랜스포머〉 애니메이션의 세계관에 다양한 내용들을 추가했으며, 이후 IDW사에서 2011년부터 발행된 『트랜스포머 제네레이션즈』(Transformers Generations)는 과거의 트랜스포머 TV 애니메이션을 세련되게 다듬어 세계관의 현대화에 도움을 주고 있다. 우리는 〈트랜스포머〉 시리즈의 예를 통하여 OSMU를 수행하는 데 있어서 '세계의 통일'이 얼마나 중요한지 확인할 수 있다.

2) 원점회귀

통일구조에서는 '세계의 통일'과 더불어 '원점회귀'를 염두에 두어야 한다. 이 유형은 문화콘텐츠 속 스토리와 시각 이미지가 단순히 특정한 결말로 종결되는 것에 그치지 않고, 일정한 계기를 맞이하며 다시 원래의 기원으로 돌아가는 것을 의미한다. 이는 대립구조에서의 '대립과 진보' 유형과 대구를 이루면서도 일정한 차이를 보인다. '대립과 진보'가 분열형태적 구조의 대립 아래 발전된 미래로 나아가는 것을 다룬다면, '원점회귀'는 문화콘텐츠 속 진행된 내용을 종합적 구조의 관점 아래 되짚는 형태로 '순환'시킨다. 이 유형을 문화콘텐츠의 스토리와 시각 이미지로 나누어 살펴보면 다음과 같다.

스토리상 '원점회귀'는 일정한 결말을 맞았음에도 불구하고 처음 시점으로 돌아와 끊임없는 되풀이 속에 캐릭터들이 메여 있음을 보여주는 경우가 많다. 이는 본래 1990년대 일본의 게임 장르 중 하나인 비주얼 노블(ビジュアルノベル)에서 자주 사용되던 양식이다. 비주얼 노블 속 스토리의 순환은 반복 플레이가 가능한 게임의 특성을 활용해 도저히 벗어날 수 없는 절망적인 상황을 강조하거나, 과오를 씻고 더 나은 결말로 나아가는 주제의식을 전달하기 위한 용도로 사용된다.

이러한 스토리상 '원점회귀'를 잘 보여주는 사례로 엘프사의 전략시뮬레이션 게임인 〈드래곤나이트4〉(ドラゴンナイト4, 1994)를 들 수 있다. 이 게임에서 주인공 카케루 일행을 돕는 수수께끼의 조력자 에토는 사실 미래에서 온 카케루이다. 그는 전멸한 동료들을 구하기 위해 검은 돌이라는 도구를 통해 과거로 돌아와 자신의 정체를 숨겨 왔다. 따라서

동시대에 함께 활동한 카케루와 에토 둘은 사실 동일인물이며, 카케루는 성장한 자신인 에토의 도움으로 위기를 극복한다. 이러한 스토리의 '원점회귀'는 게임의 결말부에 반전으로 작용해 수용자에게 색다른 즐거움을 주며, 반복되는 게임 플레이에 당위를 부여한다.

시각 이미지상 '원점회귀'에 대한 예로 아케이드 게임의 고전 〈대마계촌〉(大魔界村, 1988)의 2주차 플레이를 들 수 있다. 검과 창 그리고 십자가 등 상승과 진보를 나타내는 여러 상징들이 등장하는 이 게임에서 흥미로운 것은 그 구조가 '원점회귀'를 상정하고 있다는 점이다. 수용자가 주어진 스테이지를 모두 통과하면 "문 너머의 루시퍼를 아직 쓰러트리지 못했다"는 메시지와 함께 1스테이지로 되돌아가게 된다. 그리고 다시 처음부터 플레이하면 진정한 마지막 스테이지에 도달해 루시퍼와 싸울 수 있으며 원래 목적인 공주의 구출도 가능해진다.

2주차 플레이시에 게임의 난이도는 어려워지고, 최종적으로 등장하는 적도 1주차와는 달라진다. 이는 단순한 반복 플레이의 요구에 그치는 것이 아니라, 어려운 환경을 극복하고 게임을 클리어한다는 즐거움을 전달해준다. 〈대마계촌〉과 같은 시각 이미지상 '원점회귀'는 주로 일본의 아케이드 게임에서 발견된다. 특히 사이쿄의 슈팅게임인 〈전국 에이스〉(戦国エース, 1993)나 〈전국 블레이드〉(戦国ブレード, 1996) 등은 2주차 플레이시 배경과 적 캐릭터 전반의 색채가 바뀌어, 이러한 순환을 직관적인 시각 이미지의 변화로 드러내 보인다.

스토리와 시각 이미지의 순환을 통해 콘텐츠 프랜차이즈를 시작점으로 되돌리는 리부트의 예도 존재한다. 아라키 히로히코(荒木飛呂彦)의

만화『죠죠의 기묘한 모험』시리즈의 여섯 번째 작품인『스톤오션』(스トーンオーシャン)이 바로 그 예이다. 스톤오션의 결말부에서 악역인 엔리코 푸치가 만든 '일순 후의 세계(一巡後の世界)'는 기존 캐릭터가 그대로 남아있으면서도 조금 다른 모습으로 존재하는 세계이다. 그는 '모두가 미래를 아는 세계가 곧 행복한 세계'라는 생각 아래 시간을 가속해 세계를 순환시킨다. 이후 주인공 일행은 엔리코 푸치를 죽이고 세계의 순환을 멈추지만, 이미 세계는 여러 차례 멸망과 생성을 반복한 뒤였다. 따라서 수용자가 접하는 일순 후의 세계는 기존『죠죠의 기묘한 모험』캐릭터의 외형 및 특징이 어느 정도 남아 있으면서도 조금씩 변모한 모습을 보이는 세계이다.

이는 스톤오션의 다음 작품인『스틸 볼 런』(スティール・ボール・ラン)에서 직접적으로 드러난다. 이 작품의 주역인 죠니 죠스타는『죠죠의 기묘한 모험』시리즈의 첫 작품인『팬텀 블러드』(ファントムブラッド)의 주인공과 이름이 같다. 그러나 그가 지닌 캐릭터적 특성과 이후에 겪게 되는 스토리는 첫 번째 작품의 그것과는 전혀 다르다. 작가는 일순 후의 세계를 통해 16년간 연재해온『죠죠의 기묘한 모험』을 원점으로 되돌려, 콘텐츠 프랜차이즈가 지니는 익숙함은 살리되 수용자에게 새로운 스토리와 시각 이미지를 제공해 흥미를 불러일으킨 것이다. 이는 앞서 확인한 **공감대**와 **흥미**의 확보를 실제 문화콘텐츠에서 수행한 사례 중 하나로 평가할 수 있겠다.

지금까지 우리는 통일구조의 정의를 내리고 이 구조를 대표하는 유형인 '세계의 통일'과 '원점회귀'를 살펴보았다. '세계의 통일'이 일정한 설정 아래 내용 전개의 원칙을 세워 해당 문화콘텐츠가 지속적으로 수용자에게 전달되도록 하는 유형이라면, '원점회귀'는 문화콘텐츠를 결말에 머무르게 하지 않고 다시 기원으로 돌아가게 돕는 유형으로 스토리와 시각 이미지에 영향을 미쳐 그 분위기를 일신하는 역할을 한다.

두 유형의 구성요소를 살펴보면 다음과 같다. 우선 '세계의 통일'은 일정한 세계관을 만들어내기 위한 다양한 설정을 필요로 한다. 이때 통일된 세계는 현실의 세계를 반영하여 만들어진 상상의 세계이다. 그리고 상상의 세계 속에서 주요 캐릭터들이 벌이는 행위의 핵심은 '모험'과 '탐사'가 된다. 앞서 살펴본 판타지 장르의 예에서 스토리를 이끌어가는 주된 행위는 모험과 탐사이며, 이는 통일된 세계 속 상징에 영향을 미친다. 아울러 〈트랜스포머〉 시리즈의 예처럼 만들어진 세계관 안에서 세력을 설정하고 이들에게 특징을 부여하여 끊임없는 대립을 이끌어내는 것 또한 세계의 통일에서 자주 사용되는데, 이때 설정된 세력의 리더는 각 진영의 특성을 상징하는 캐릭터가 된다. 〈트랜스포머〉 시리즈에서는 오토봇의 리더 옵티머스 프라임과, 디셉티콘의 리더 메가트론이 이러한 역할을 담당하고 있다.

'원점회귀'는 문화콘텐츠의 구성요소인 스토리와 시각 이미지의 끊임없는 순환을 이끌어내는 것으로, 유형의 명칭에서도 확인할 수 있듯이 회귀와 반복행위를 중심으로 '반복된 사건'과 '부활한 인물'이 이를 따르는 상징이 된다. 이때 반복된 사건은 스토리상으로 이전에도 있었던 특정한 사건이 되풀이되는 것을 의미한다. 그리고 부활한 인물은 캐릭터의 순환을 뜻하는 것으로, 이들은 리부트나 리메이크처럼 익숙한 세계관을 통해 수용자가 안정감을 느끼게 하면서도 콘텐츠 프랜차이즈에 새로운 통찰과 경험을 부여하도록 돕는다.

통일구조 속 두 유형은 문화콘텐츠의 OSMU에 직접 관여한다. 앞서 살펴본 기원구조, 탈주구조, 대립구조가 서로 다른 미디어의 문화콘텐츠 속 동일 요소를 확인하는 분석틀이라면, 통일구조는 이렇게 서로 미디어 형식이 다른 문화콘텐츠를 어떠한 형태로 OSMU해야 안정감을 유지해 수용자의 혼란을 방지하고 공감을 이끌어낼 수 있는지 밝혀준다.

■ 이제 우리는 어디로 가야 하는가?

지금까지 우리는 문화콘텐츠 분석에 활용 가능한 기원구조, 탈주구조, 대립구조, 통일구조의 정의와 그 유형, 행위, 상징에 대해 살펴보았다. 각 원형적 구조에 속하는 유형은 해당 문화콘텐츠의 스토리와 시각 이미지를 파악하기 위해 선별된 것들이다. 이들은 동일한 근본의 보편성 아래 재귀성과 역동성을 추구하는 원형의 특성을 따른다.

다만 모범이 되는 문화콘텐츠는 앞서 살펴본 네 개의 원형적 구조와 이에 속하는 유형을 대부분 지니고 있음을 염두에 둘 필요가 있다. 일례로 현대 시각문화의 대표작인 〈스타워즈〉 시리즈는 출생의 비밀과 아버지와의 대결로 표방되는 '개인 기원찾기' 유형, 역사에 대항하여 구원자적 행위를 취하는 '영웅행위' 유형, SF 장르로서 지니는 '타자인식'과 '대립과 진보' 유형, 통일구조 속 '세계의 통일' 유형의 특징을 모두 지닌다. 따라서 하나의 원형적 구조와 그 유형만으로 문화콘텐츠를 분석하는 것은 지엽적인 특징을 자의적으로 확대 해석하는 문제를 야기할 수 있다.

우리는 자의적 해석의 함정에서 벗어나기 위하여 문화콘텐츠에 내포된 대중문화 속성을 다시금 상기할 필요가 있다. 대중문화는 "많은 사람들이 좋아하는 것이자 사람들의 선호에 일부로 맞춘 작품들"[72]로 기존의 양식에 크게 벗어나지 않는 **공감대**를 확보하면서도 색다른 **흥미**를 전달하는 이중적인 기능을 수행해야 한다. 따라서 이들은 보편성을 따르면서도 동시에 특정한 원형적 구조를 내세워 자신만의 색깔을 분명히 할 필요가 있다.

이 책의 주된 분석대상인 영화・만화・애니메이션・게임 또한 이러한 문화콘텐츠의 대중문화 속성 아래 놓여 있다. 따라서 원형적 구조를 언급한 것은 어디까지나 문화콘텐츠 분석에 있어서 초점을 맞출 일정한 기준을 제시한 것으로 이해되어야 한다. 이후 본 장에 뒤따를 사례분석은 기원구조, 탈주구조, 대립구조, 통일구조를 모두 적용하되, 이들 중에서 특히 강조되는 구조는 스토리와 시각 이미지별로 상세히 설명하는 것으로 그 내용을 진행하기로 한다. 아울러 원형적 구조가 서로 영향을 미치는 양상 또한 함께 언급할 것인데 이는 "원형적 구조는 서로 순환하고 결합하며 확장되고 사라진다"는 보이아의 의견과 맥을 같이한다.[73]

---

72) R. Williams, *Keywords*, Fontana, 1983, 237쪽.

73) L. Boia, 앞의 책, 1998, 36쪽.

콘텐츠 사례분석

Chapter 4

콘텐츠 사례분석

본 장에서는 기원, 탈주, 대립, 통일의 원형적 구조를 바탕으로 영화·만화·애니메이션·게임 중 각각 한 작품씩 선정하여 스토리와 시각 이미지 중심의 분석을 수행한다. 사례분석은 다음과 같이 진행된다. 우선 사례가 되는 각 문화콘텐츠의 기초적인 사실을 밝힌다. 이는 해당 문화콘텐츠 선정의 기준이 되는 '대중의 호응'을 확인하는 과정이다. 이후 기원, 탈주, 대립, 통일의 원형적 구조에 속하는 유형을 중심으로 해당 문화콘텐츠가 어떠한 특징을 지니고 있는지 분석한다. 이때 분석의 기준은 유형 속 행위와 상징이 되며, 문화콘텐츠의 내적 구성요소인 스토리와 시각 이미지가 세부적인 분석대상이 된다. 그리고 각 사례분석의 말미에는 분석 결과에 해당되는 '의미와 가치'를 제시하는데, 이는 각 구조를 통해 밝혀진 내용을 바탕으로 해당 문화콘텐츠가 지닌 내적인 의미와 사회적 효용을 도출한 것이다.

1. 영화 사례: <클라우드 아틀라스>

〈클라우드 아틀라스〉(Cloud Atlas)는 2012년 개봉한 할리우드 SF 영화이다. 〈매트릭스〉 시리즈로 유명한 워쇼스키 자매(The Wachowskis)와 〈향수〉(Perfume: The Story Of A Murderer, 2006)의 톰 티크베어

(Tom Tykwer)가 공동으로 연출했으며, 데이비드 미첼(David Mitchell)이 2004년 발표한 동명의 소설을 원작으로 삼는다. 이 영화가 유명세를 탄 것은 여섯 개의 분리된 스토리를 하나로 엮어 영화화했기 때문이다. 〈클라우드 아틀라스〉는 윤회론에 입각해 서로 관련을 맺고 있는 스토리를 하나씩 완결시켜 제시하는 것이 아니라 "TV 채널을 돌리듯"[74] 각 장면을 교차 편집해 보여준다. 이러한 스토리텔링 방식은 양극단의 평가를 받았는데, 시카고 선 타임즈의 영화 평론가 로저 이버트(Roger Ebert)는 "지금까지 만들어진 영화 가운데 가장 야심찬 결과물 중 하나(one of the most ambitious films ever made)"[75]라는 평을 내린 반면에, 타임지는 2012년 최악의 영화 중 하나로 〈클라우드 아틀라스〉를 손꼽았다.[76]

〈클라우드 아틀라스〉의 스토리는 여섯 개의 파트로 나눠져 있으며, 각 파트의 주인공은 다른 시공간에 살고 있지만 동일한 문제의식을 갖고 있다. 이는 바로 '자유의지'에 관한 것이다. 각 시대의 주인공은 그 시대에 존재하는 자연적 서열에 반발한다. 이들은 기존 사회의 경직성을 해결하려 하는 '각성한 개인'이다. 그래서 이야기 속 주인공들은 엄청난 고생 속에서 자신의 생을 마감하며, 다른 시대의 다른 인물로 환

---

74) 이는 『씨네21』의 영화평론가 이후경의 표현을 따온 것이다. 이후경, 「재핑의 공허함」, 『씨네21』, 2013.01.15.

75) R. Ebert, "Roger Ebert Cloud Atlas Review", *Chicago-Sum Times*, October 25, 2012.

76) K. Jagernauth, "Village Voice Names 'Cloud Atlas' The Worst Film Of 2012", *IndiWire*, December 27, 2012.

생해 또 다시 자연적 서열과의 전쟁을 치른다.[77]

영화의 줄거리를 파트별로 정리하면 다음과 같다. 먼저 첫 번째 파트(이하 pt.①)는 1894년 샌프란시스코를 향해 배를 탄 변호사 어윙이 주인공이다. 그는 장인의 명령에 따라 노예매매 문서를 전달받기 위해 항해를 시작한다. 그러던 중 그는 배에서 병을 앓게 되지만, 의사는 어윙의 재물을 가로채기 위해 그를 독살시키고자 몰래 치료약 대신 독을 처방했다. 마지막 치명타가 될 독을 먹기 전 흑인노예는 어윙을 구출하고, 그는 무사히 고향으로 돌아온다.

두 번째 파트(이하 pt.②)는 방탕한 생활로 음악계에서 추방당한 젊은 작곡가 프로비셔가 주인공이다. 그는 유명 작곡가인 에어스의 문하로 들어가 영화의 제목과 동명인 '클라우드 아틀라스'라는 곡을 쓴다. 그러나 곡을 독점하려는 에어스의 계획에 분노한 프로비셔는 그를 총으로 쏘고 도주한다.

세 번째 파트(이하 pt.③)는 핵발전소에 관여한 식스스미스와 우연히 만난 뒤, 배후에 숨겨진 비밀을 밝히려는 여기자 레이가 주인공이다. 그는 암살자에게 살해의 위협을 당하면서도 발전소 직원이자 아버지의 친구였던 네이피어의 도움을 받아 핵발전소의 숨겨진 비밀을 밝혀낸다.

네 번째 파트(이하 pt.④)는 출판업자 케번디시가 주인공이다. 그는 건달인 호긴스의 책을 발간하며 유래 없는 호황을 맞는다. 그러나 호긴스의 형제들이 인세 중 자신들의 몫으로 5만 파운드를 요구하자, 그는

---

77) 서유석, 「클라우드 아틀라스 - 인간의 존엄 위한 "자유의지" 노래」, 『통일한국』 2013년 2월호, 평화문제연구소, 2013, 72쪽.

도피처를 찾기 위해 자신의 친형에게 도움을 요청한다.

다섯 번째 파트(이하 pt.⑤)는 2144년 네오서울의 복제인간 손미가 주인공이다. 그는 파파송이라는 식당에서 손님을 접대하며 기계적인 삶을 영위한다. 그러나 혁명단체 소속의 장해주가 그녀를 탈출시킨다. 이후 손미는 폐기처분된 동료가 자신들의 주식인 '비누(soap)'로 재활용되는 것을 보고 복제인간 해방을 위해 세계를 돌며 구세주의 역할을 수행한다.

여섯 번째 파트(이하 pt.⑥)는 문명이 사라진 2361년을 배경으로 삼는다. 원시적인 삶을 살던 주인공 자크리는 식인부족 코나의 위협에 시달린다. 그러던 어느 날 진보된 기술을 보유한 집단인 프레션트의 일원인 메로님이 그를 방문하게 되고, 자크리와 메로님은 오래된 통신기를 작동시켜 우주로 떠난 선조들에게 자신들의 의사를 전달한다. 이후 프레션트의 일원이 된 자크리는 메로님과 결혼하고, 자손들에게 〈클라우드 아틀라스〉의 모든 파트를 이야기해주는 것으로 영화는 끝을 맺는다.

이 영화는 각 파트를 '시간과 공간을 달리해도 모든 인간들은 서로 연결되어 있다'는 설정으로 엮는다. 그래서 영화를 볼 때 가장 관심을 가져야 하는 것은 서로 다른 시간과 공간을 엮는 지점이다. 이 지점은 스토리와 시각 이미지의 양 측면으로 나눠 살펴볼 수 있다.

먼저 스토리의 경우를 살펴보면 다음과 같다. 영화 속 파트는 크게 여섯 개로 나뉜다. 그러나 각 파트가 제시되는 방식은 역사적 시간 순서대로가 아니라 각 파트의 기·승·전·결에 따라서이다. 즉, 영화의 기 부분에는 여섯 파트의 발단에 해당하는 내용이 모두 제시된다. 이후

승·전·결의 경우도 마찬가지이다. 이러한 특유의 전개로 인해, 각 파트의 대립과 갈등은 영화가 진행되는 가운데 순차적으로 쌓이게 된다. 그리고 절정부에서 여섯 파트의 극적인 대립은 일시에 폭발하게 된다. 이로 인해 관객은 스토리를 따라가는 데 있어서 다른 영화보다 더 많은 공을 들이는 만큼, 절정과 결말부에 이르러서는 이에 어울리는 중첩된 보상과 즐거움을 받는다.

그리고 각 파트는 서로 맞물려 있는데, 두드러지는 몇 부분을 살펴보면 다음과 같다. pt.②에서 주인공의 행방을 찾는 조연 역할을 하는 식스스미스는 pt.③에서 사건의 발단이 되는 중요한 단서를 남기고 퇴장한다. pt.④에서 캐번디시가 겪은 사건은 영화화되어 후대에 남는데, 이는 pt.⑤의 손미에게 영향을 미쳐 복제인간들의 권리를 되찾는 역할을 수행하는 근거가 된다. pt.⑥에서 손미는 종교적인 신으로 남아 있으며, 주인공 자크리는 그에 대한 믿음을 통해 미래로 나아가는 힘을 얻는다. 이처럼 〈클라우드 아틀라스〉 속 스토리들은 서로 일정한 영향을 미치고 있으며, 이는 이 영화가 끊임없이 환생하며 동일한 영혼이 새로운 인생을 살게 된다는 윤회사상에 기반을 두고 있음을 보여준다.[78]

한편 시각 이미지의 경우 〈클라우드 아틀라스〉 속 윤회를 시각적으로 보여주는 역할을 한다. 이 영화의 시각 이미지는 영화라는 장르의 특징을 잘 살려, 배우를 기준으로 순환된다. pt.①의 주인공 어윙 역을 맡은 짐 스터게스(Jim Sturgess)는 pt.⑤에서 손미를 구출하는 장해주의 역할도 맡는다. 한편 pt.⑤에서 손미를 연기한 배두나는 pt.①에서 어윙

---

78) 위의 글, 73쪽.

과 함께 노예해방을 위해 나서는 그의 부인 역할도 맡는다. 이처럼 〈클라우드 아틀라스〉는 한 배우에게 여러 시대의 여러 역할을 맡김으로써 윤회를 시각 이미지화한다.

〈클라우드 아틀라스〉는 각 파트별로 일정한 원형적 구조의 특징을 띤다. pt.①은 백인과 흑인이라는 타자의 대립을 기본으로 삼으며, 태평양 항해에 수반되는 노스탤지어를 자극하는 낙원도피적 시각 이미지를 제시한다. pt.②는 탈주구조에 속하는 것으로, 특히 '낙원도피'의 영향을 받으며 낭만주의적 경향을 띤다. pt.③는 '대립과 진보'가 두드러지는데, 기자인 레이가 사회의 치부를 파헤치는 스릴러적 특징이 이 유형과 맞닿아 있다. pt.④는 '타자인식'에 관련된 것으로, 광인과 일반인을 구분하는 정신병원이라는 공간이 중요한 역할을 수행한다. pt.⑤는 '개인 기원찾기'로 시작해 탈주구조의 구원행위로 귀결된다. 이러한 전개는 pt.⑥의 스토리와 시각 이미지에 직접적인 영향을 미친다. 끝으로 pt.⑥는 기원구조 속 '공동체 기원찾기'에 기반을 두고 전개되며 원점회귀를 통해 영화 전체의 스토리를 마무리 짓는다. 이상의 내용을 각 원형적 구조별로 다시 정리하면 다음과 같다.

1) 개인 혹은 공동체의 기원

이 영화의 스토리 중 기원구조의 특징을 띠는 것은 pt.⑤와 pt.⑥이다. pt.⑤는 '개인 기원찾기'의 시각 이미지로 구체화된다. 주인공인 손미는 자신의 동료인 유나를 통해 인간과 같은 권리를 누릴 자격이 있음을 깨닫는다. 이후 손미는 조력자인 장해주의 도움을 받아 자신이 일하던 식당인 파파송을 탈출하게 된다. 그리고 연출자인 워쇼스키 자매는 '개인 기원찾기'의 의미를 손미(와 나아가 수용자)에게 전달하기 위해 복제인간의 시체가 그들의 주식인 '비누'로 재활용되는 충격적인 시각 이미지를 제시한다.

이러한 복제인간 재활용 공장은 영화 〈매트릭스〉에서 제시된 인간이 기계의 에너지원으로 사용되는 거대한 공장을 다시금 선보인 것이다. 현실세계에서의 육가공 공장을 모티프로 형성된 복제인간 재활용 공장의 방문은 '개인 기원찾기' 아래 손미에게 스스로의 기원을 일깨워, 이후 그녀가 탈주구조에서의 영웅행위를 수행하게끔 하는 동기를 제공한다.

pt.⑥에서는 '공동체 기원찾기' 유형의 특징을 발견할 수 있다. 주인공 자크리는 형제의 죽음을 멀리서 지켜볼 뿐인 나약한 캐릭터이다. 그러나 그는 조력자인 메로님의 도움을 받아 새로운 세계로 나아간다. 이후 자크리와 메로님은 지구를 떠나 새로운 세계의 건국영웅이 된다. 자크리가 영화의 시작과 끝에 언급하는 〈클라우드 아틀라스〉의 개별 파트들은 일종의 기원신화 역할을 하며, 그가 직접 겪은 일을 담은 pt.⑥는 새로운 세계에 인간을 뿌리내리게 한 건국신화가 된다. 따라서 〈클라우드 아틀라스〉는 우주적인 기원신화와 역사적인 건국신화를 동시에 선보인 영화라 하겠다.

아울러 〈클라우드 아틀라스〉에서는 이러한 '공동체 기원찾기' 유형을 통해 발현되는 다수의 시각 이미지 또한 발견할 수 있다. pt.⑤의 손미는 pt.⑥에서 종교적인 신의 상징이 된다. 그리고 자크리와 식인부족 코나의 복식은 시대순서상 가장 미래에 위치하는 pt.⑥가 흡사 가장 오래된 스토리인 것 같은 인상을 준다.

〈클라우드 아틀라스〉의 기원구조적 스토리와 시각 이미지는 순서상 후반부에 위치하는 pt.⑤와 pt.⑥에서 주로 발견된다. 그러나 여섯 파트를 동시에 진행하는 영화의 특성상, 기원구조의 특징은 시작부분부터 다른 파트와 마찬가지로 동등하게 제시된다. 다만 이 영화는 pt.⑥의 도입부로 시작되어 결말부로 끝을 맺는다. 따라서 〈클라우드 아틀라스〉는 기원구조를 통해 영화의 시작을 알렸으며, 이후 기원구조는 결말부의 통일구조 속 '원점회귀' 유형과 결합된다.

2) 낙원과 구세주

〈클라우드 아틀라스〉의 스토리 중 탈주구조의 특징을 띠는 것으로 pt.①과 pt.② 그리고 pt.⑤를 들 수 있다. 이들 중 pt.①과 pt.②는 '낙원도피' 유형에 속하며, pt.⑤는 '영웅행위' 유형에 속한다. 각 유형을 기준으로 〈클라우드 아틀라스〉의 탈주구조적 성격을 살펴보면 다음과 같다.

영화 속 '낙원도피'를 보이는 대표적인 예는 pt.①의 시각 이미지이다. 이는 pt.①의 시대적 배경이 먼 과거이자 노스탤지어적 향수를 자극하는 1849년이기 때문이다. 흑인 노예와 이국적인 풍경, 범선을 이용한 항해, 캐릭터의 복식 등은 모두 이국 취향을 자극하는 노스탤지어 추구에서 도출된 것들이다. pt.①의 노스탤지어적 시각 이미지는 시대적 배경의 설정을 도와, 노예 해방과 그들의 권리 찾기라는 테마에 일정한 근거를 부여한다.

낙원도피로 분석 가능한 또 하나의 예로 pt.②를 들 수 있다. 주인공 프로비셔는 pt.②의 시대적 배경이 되는 1930년대에는 금기시되던 동성애자이다. 그는 자신의 사회적 평판을 긍정적인 것으로 바꾸기 위해 유명한 작곡가인 에어스의 명성을 빌리고자 한다. 프로비셔는 사회의 시선에서 벗어나 에어스의 고저택으로 도피한다. 이곳에는 에어스의 부인이자 매력적인 여성인 조카스타 에어스가 있다. 그는 동성애자임에도 그녀와 성적인 관계를 맺어 낙원의 의미를 한층 공고히 하려 한다. 프로비셔는 영화와 동명인 '클라우드 아틀라스'라는 곡을 완성한 후 자살하는데, 이 결말은 죽음을 "삶이라는 나쁜 잠에서 깨어나 감미로운 상태로 바뀌는 것"[79]으로 지칭한 기존의 낭만주의 텍스트를 호명한다.

앞서 살펴본 pt.①과 pt.②가 〈클라우드 아틀라스〉 속 낙원도피의 특징을 보여준다면, pt.⑤는 주인공의 '영웅행위'에 초점을 맞춘다. 손미는 이 파트에서 가장 낮은 지위를 지니는 복제인간이다. 그러나 그는 정해주를 위시로 한 혁명단체의 도움을 받아 내적기원을 찾는다. 이후 그녀는 세계를 돌며 사람들에게 깨달음을 설파하는 구세주의 역할을 수행한다. 따라서 손미는 워쇼스키 자매의 전작 〈매트릭스〉의 주인공 네오(neo)와 유사한 구세주라 할 수 있으며, 이후 pt.⑥에서 확인할 수 있듯이 그녀는 보이아의 표현을 빌리자면 "통일성의 보장자이자 새로운 혁명가"가 된다.

영화 속 탈주구조의 특징을 정리하면 다음과 같다. 우선 낙원도피를

---

79) G. Durand, 앞의 책, 1960, 273쪽.

통해 pt.①와 pt.②를 분석할 수 있다. 두 파트는 흑인 노예, 이국적 풍경, 범선, 고저택, 매력적인 여성과 같은 상징을 포함하고 있다. 그리고 pt.⑤는 영웅행위의 특징을 띠며, 손미는 사람들에게 희망을 전하는 구세주의 역할을 한다. 다만 앞서 살펴본 기원구조의 경우와 마찬가지로, 탈주구조의 특징은 각 파트 안에서 독립적으로 기능하는 것은 아니며 오히려 다른 파트와의 연계를 통해 더욱 두드러지게 된다.

3) 미래를 향한 진전

〈클라우드 아틀라스〉 속 모든 파트들은 기·승·전·결의 동일한 흐름을 지닌다. 따라서 각 파트가 일정한 절정부에 도달하면 이들은 모두 극적인 대립을 다루게 된다. 다만 대립구조가 선명하게 드러나는 파트를 따로 선별할 수 있는데, pt.①, pt.③, pt.④가 이에 해당된다. 이들 중에서 pt.④는 '타자인식'에, pt.③는 '대립과 진보'에 초점을 맞추고 있으며, pt.①은 두 유형을 모두 지니고 있다. 이에 대해서 자세히 살펴보면 다음과 같다.

pt.④는 정신병원에 감금당한 주인공 캐번디시의 탈출기를 그리고 있다. 이 파트의 주인공과 그의 조력자들은 모두 가족에게 버림받은 노인들로, 그들은 광인이 아니지만 광인과 같은 취급을 받으며 병원 관계자의 억압을 받는다. 캐번디시가 최초 병원을 탈출하며 외친 "소일렌트 그린은 사람이다!(Soylent Green is people!)"라는 대사는 인간을 음식으로 만드는 리차드 플레이셔(Richard Fleischer)의 고전 SF 영화인 〈소일렌트 그린〉(Soylent Green, 1973)을 오마주한 것으로, 이들이 타자와의 구분에 따른 '은폐된 대립' 속에 위치해 있음을 보여준다.

　pt.③는 핵발전소에 얽힌 비밀을 풀기 위한 여기자 레이의 모험담이다. 레이와 그의 동료들은 대규모 폭발사고를 일으켜 핵발전소에 대한 불신을 심으려는 석유회사의 음모에 직면한다. 이러한 상황 설정은 진보의 신화가 지니는 위기의 국면을 묘사한 것으로, "기술 발전을 통한 미래는 최상뿐만 아니라 최악도 가져올 수 있고, 나아가 최상보다는 최악을 더 가져올 수도 있는 것처럼"[80] 보인다. 암살자 빌 스모크는 식스스미스, 삭스 등 레이의 동료들을 차례로 제거하며 이러한 대립을 극대화시킨다. 그러나 극적인 대립 뒤에는 진보가 뒤따라오게 되는 바, 석유회사의 음모를 폭로한 결말부에서 진보와 쇠퇴의 순환이 선형적으로 나아가 과거보다 미래에 특권을 부여하였음을 알 수 있다.

　앞서 살펴본 pt.④와 pt.③가 각각 '타자인식'과 '대립과 진보' 유형에 속하는 파트라면, pt.①은 두 유형을 모두 포함한다. pt.①에서 스토리의 발단이 되는 것은 어윙과 아투아의 만남이다. 스토리의 시작지점에 위치하는 둘의 만남은 '타자인식'을 이룬다. 아투아는 흑인으로, 백인들이 상정하는 "야만성의 부정적 극점(pôle négatif de la sauvagerie)"[81]에 위치한 대표적인 타자에 속한다. 그러나 아투아는 은혜를 갚으며 시대를 뛰어넘는 보편적인 선행을 수행한다. 그리고 아투아의 선행은 어윙을 감동시켜 '노예 해방의 참여'라는 극단적인 변화를 이끌어낸다. 그는 자신의 행동이 바다에 덜어지는 물방울 하나와 같을 것이라는 장인

---

80) L. Boia, 앞의 책, 1998, 149쪽.

81) 위의 책, 121쪽.

의 말에 "바다란 기껏 물방울이 많이 모인 것 아닌가요?(What is an ocean, but a multitude of drops?)"라고 대답하며 극적인 대립 이후에 노예 해방이라는 긍정적인 미래로 나아간다.

지금까지 살펴본 〈클라우드 아틀라스〉 속 대립구조의 특징을 정리하면 다음과 같다. pt.④가 '타자인식'을, pt.③가 '대립과 진보'를 나타낸다면, pt.①은 두 유형의 특징을 모두 드러낸다. 대립구조 속 '타자인식'은 스토리상 갈등을 조장한다. pt.④에서의 감금된 노인과 병원 관계자간 대립, pt.①에서 주인공인 어빙과 그의 장인간 대립 등은 모두 특정한 기준에 따라서 구분된 타자에 대한 인식에서 비롯된 것들이다.

그리고 pt.①의 예를 통해서 알 수 있듯이 타자에 대한 인식은 극적인 대립 속에서 진보를 낳아 더 나은 미래로 나아가는 계기가 되기도 한다. 이는 〈클라우드 아틀라스〉 뿐만 아니라 〈말콤 X〉 (Malcolm X, 1992), 〈밀크〉 (Milk, 2008), 〈달라스 바이어스 클럽〉 (Dallas Buyers Club, 2013) 등 인식 변화의 계기가 된 역사적인 사건을 다룬 영화에서 자주 발견되는 점이다. 따라서 역사적 사건을 통한 인식 변화를 다룬 영화는 관객의 생각을 바꿔, 과거에 거부감이 들었던 어떠한 일을 당연한 것으로 바꾸는 효과를 거둔다.

4) 순환과 통일

〈클라우드 아틀라스〉의 통일구조적 특징으로 가장 두드러지는 것은 '세계의 통일'을 위한 시각 이미지 형성이다. 이 영화는 여섯 파트를 교차편집해서 보여주며, 각 파트의 중요한 캐릭터와 사건은 서로 연결되어 있다. 워쇼스키 자매와 티크베어 감독은 이러한 연결고리를 유지하기 위해 스토리간 시각 이미지의 연계에도 힘을 쏟는데, 이는 동일한 배우가 여러 스토리 속 캐릭터를 연기하는 〈클라우드 아틀라스〉의 특징 때문이다. 추상적인 개념인 영혼을 동일 배우의 일인다역으로 구체화시키는 영화 속 시각 이미지는 영화적 기술인 분장 및 특수효과와 맞물려 고유의 성과를 거두었다.

'세계의 통일'을 위한 시각 이미지의 대표적인 사례로, 본 영화의 여섯 파트에 모두 등장하는 배우 휴고 위빙(Hugo Weaving)을 들 수 있다. pt.①에서 노예제도 찬성론자인 어윙의 장인을 연기한 그는 pt.②에서 프로비셔와 대립하는 에어스의 동료로, pt.③에서는 암살자로, pt.④에서는 캐번디시를 감금하는 간호사로, pt.⑤에서는 손미에게 사형선고를 내리는 의원으로, pt.⑥에서는 자크리를 괴롭히는 악마인 '늙은 조지(Old Georgie)'로 등장한다.

동일한 배우가 여러 파트 속에서 줄곧 악역의 역할을 수행함으로써, 그가 맡은 캐릭터의 다양한 시각 이미지를 하나로 묶어볼 수 있다. 위빙이 연기한 캐릭터는 수염을 기른 중년 남성이거나, 정장을 입고 선글라스를 낀 암살자이거나, 거구의 간호사이거나, 낡은 옷을 입은 푸른 피부의 악마이다. 파트별로 나타나는 대립자의 시각 이미지는 이처럼 개별적인 모습을 띠면서도 동일한 배우의 기준 아래 하나로 제시되어 작품 속 통일된 세계의 구축을 지지한다.

동일배우 중심의 다채로운 시각 이미지 구축은 〈클라우드 아틀라스〉가 지닌 순환의 특징을 강화하기 위한 것으로 볼 수 있다. 앞서 살펴본 바와 같이 이 영화의 세계관은 윤회사상을 바탕으로 구축되어 있으며, 인간의 영혼이 전생의 행동으로 인해 후대에 다른 취급을 받을 수 있음을 강조한다. 따라서 〈클라우드 아틀라스〉 속 세계의 설정은 순환의 특징을 지닌다. 그리고 영화 속 개별 파트의 스토리는 현 상황에서의 갈등을 해소해주는 의미 있는 결말을 맞게 된다.

pt.①의 주인공 어윙은 대립과 진보를 거쳐 노예해방을 위해 스스로 헌신할 것임을 다짐한다. pt.②의 주인공 프로비셔는 자살로 생을 마감하지만 클라우드 아틀라스라는 명곡을 남긴다. pt.③의 주인공 레이는 원자력 발전소 폭발로 야기될 인명의 희생을 막으며 기술진보의 선형적 미래를 연다. pt.④의 주인공 캐번디시는 감금된 정신병원에서 탈출할 뿐만 아니라, 자신의 경험을 글로 남기고 이를 영화화한다. pt.⑤의 주인공 손미는 자기희생과 구원의 행위를 통해 구세주인 신으로 자리매김한다. pt.⑥의 주인공 자크리는 나약한 자신을 극복하고 후손을 남기며, 이들에게 영화 속 스토리를 전승하는 역할을 수행한다. 해피엔딩에 가까운 각 파트의 결말은 순환을 중심적인 테마로 삼으면서도 더 나은 미래를 위한 인간의 노력을 긍정하는 역할을 한다.

〈클라우드 아틀라스〉 속 통일구조의 특징을 정리하면 다음과 같다. 세계의 통일은 동일배우가 여러 가지 역할을 맡으면서 도출되는 시각이미지에 주로 의존하고 있다. 그리고 영화 속 스토리는 순환을 강조하지만, 각 파트의 결말은 더 나은 미래를 상정해 순환과 진보가 뒤섞이는 모습을 보여준다. 이는 이후 소결에서 살펴볼 〈클라우드 아틀라스〉의 문화콘텐츠적 의미와 직접 연결된다.

■ 소결

　지금까지 우리는 영화 〈클라우드 아틀라스〉를 원형적 구조로 분석하고, 각 구조를 통해 도출되는 스토리와 시각 이미지의 특징을 살펴보았다. 원형적 구조에 따른 분석을 마무리하면서 본 영화가 지닌 문화콘텐츠적 의미를 살펴보면 다음과 같다.

　〈클라우드 아틀라스〉는 기본적으로 순환을 중심으로 전개되는 문화콘텐츠이다. 이를 수용자에게 제시하기 위해서 이 영화가 택한 방식은 다음의 두 가지이다. 하나는 동일한 영혼의 소유자임을 나타내는 근거로 동일한 배우가 여러 캐릭터를 맡도록 했다는 것이고, 다른 하나는 그들의 삶을 시간 순서가 아닌 각 파트의 기·승·전·결에 맞게 교차 편집해서 보여줬다는 것이다. 사실 이러한 시도들은 수용자에게 부정적인 반응을 불러올 수도 있다. 우선 배우가 여러 캐릭터를 맡을 경우, 인종과 성별의 차이가 불러오는 어색함 때문에 수용자의 반감을 살 수 있다. 그리고 하나의 스토리를 꾸준히 보여주지 않고 다른 스토리와 뒤섞어버리면 감상에 혼란을 야기할 수 있다.

　그럼에도 불구하고 〈클라우드 아틀라스〉는 오늘날 영화가 뉴미디어의 형식을 수용하고 있음을 보여주는 예시로 남아 고유의 가치를 지닌다. 이처럼 스토리와 시각 이미지가 복잡하게 뒤엉킨 영화가 제작된 이유는 오늘날의 문화콘텐츠 수용자들이 분산된 스토리를 재조합하는 것에 익숙하기 때문이다. 〈클라우드 아틀라스〉는 다수의 캐릭터와 함께 다층의 내러티브로 구성된 스토리를 수용자에게 제시한다. 이는 영화나 드라마 등의 전통적인 올드미디어에서 게임 등의 뉴미디어로 문화콘텐츠의 판도가 넘어가는 현재 상황과 무관하지 않다.

게임과 같은 미디어 형태에 익숙해진 최근의 관객들은 기존의 올드 미디어와는 다른 종류의 엔터테인먼트 경험을 기대한다. 일반적으로 게임의 스토리는 최상위에 위치하는 메인 스토리 아래 다수의 퀘스트 (quest)가 배정되어 세부 스토리를 규정한다. 따라서 게임과 같이 분산된 디지털스토리에 익숙한 최근의 수용자는 〈클라우드 아틀라스〉가 제시하는 다수의 스토리를 조합하면서, 흡사 게임을 플레이하는 것과 같은 익숙한 즐거움을 느낄 수 있다.

이 영화는 '꿈속의 꿈' 스토리를 선보인 크리스토퍼 놀란(Christopher Nolan)의 〈인셉션〉(Inception, 2010)과 더불어 선형적인 스토리를 제시하면서도 관객이 줄거리와 캐릭터를 결정짓게 하는 '디지털 리니어 스토리텔링(digital linear storytelling)'을 구사하는 영화가 최근 늘어나고 있음을 보여준다. 따라서 〈클라우드 아틀라스〉는 분산된 스토리 구조를 지닌 문화콘텐츠의 분석에 행위 및 상징을 둔 원형적 구조가 적용될 필요가 있음을 보여주는 좋은 예시이다.

2. 만화 사례: 『공포의 외인구단』

『공포의 외인구단』은 1983년 대본소용으로 출간된 한국의 만화이다. 작가는 『아마게돈』(1988)과 『천국의 신화』(1997)로 유명한 이현세이며, 만화뿐만 아니라 영화 〈이장호의 외인구단〉(1986)과 정수라가 부른 주제가를 통해 1980년대 최고의 인기를 모은 대중문화 중 하나로 기록되고 있다. 이 만화는 1982년 시작된 한국 프로야구의 인기를 반영한 작품으로, 주인공 오혜성이 속한 외인구단과 그의 라이벌 마동탁이 속한 유성구단의 대립은 당대의 인구에 회자되던 각 구단들의 라이벌 관계를 기반으로 만들어진 것이다.

1980년대 『공포의 외인구단』이 얻은 인기는 당시 우리 사회의 분위기와 관계가 있다. 그때 한국사회는 양적팽창의 시기로 온갖 즐길 거리들이 사회에 팽배해 있었다. 『공포의 외인구단』이 작품의 주된 소재로 삼는 프로야구 또한 이러한 즐길 거리에 해당된다. 여기에 작가는 오혜성이라는 '병적인 영웅'의 일대기를 투영해 이 작품만이 지니는 고유의 의미를 도출해낸다.

『공포의 외인구단』의 스토리를 요약하면 다음과 같다. 가난한 집안에서 핍박받으며 자란 오혜성은 자신을 인간답게 대하는 최엄지에게 사랑을 느낀다. 이들은 한동안 헤어졌다가 고등학생이 되어 다시 재회하나, 이미 최엄지는 마동탁과 연인 관계였다. 오혜성은 학교 간 대항전에서 마동탁을 완파하고 최엄지의 사랑도 쟁취하지만, 표 값이 없어 기차에서 뛰어내렸던 지난날의 사고로 인해 어깨가 망가진 뒤였다. 프로 데뷔 이후 어깨 부상이 심해져 더 이상 투수생활을 할 수 없게 된 오혜성은 외인구단의 감독 손병호의 지도 아래 지옥훈련을 경험하고, 각자의 사연을 지닌 동료들과 함께 실력을 키운다. 그러나 훈련을 마치고 2년여의 시간이 지나 다시 사회로 나왔을 때, 최엄지는 이미 마동탁의 아내가 되어 있었다. 이에 분노한 오혜성은 손병호에게 반항하며 갈등을 거듭하게 된다.

끊임없는 연승으로 외인구단의 우승까지 1승 밖에 남아있지 않은 상황에서, 마동탁은 아내 최엄지를 시켜 오혜성에게 딱 한 번만 패배할 것을 종용한다. 자신이 아닌 마동탁을 우선시한 최엄지의 행위에 절망감을 느낀 오혜성은 마동탁이 친 타구를 머리로 들이 받고 심지어 공을 움켜쥐어 외인구단이 패배하는 결정적인 계기를 만든다. 오혜성의 행동을 본 손병호는 심장이 멎어 사망하고, 최엄지는 실성해 광인이 된다. 이후 공에 맞은 충격으로 눈이 먼 오혜성과 광인이 된 최엄지는 병원에서 재회해, 신체적·정신적 장애에도 불구하고 서로를 알아보며 눈물을 흘린다. 마동탁은 이들을 바라보며 자신은 승리를, 오혜성은 최엄지를 얻었다고 자평한 뒤 쓴웃음을 지으며 자리를 뜬다.

『공포의 외인구단』을 원형적 구조로 분석하면 다음과 같은 의미를 도출할 수 있다. 우선 이 만화는 기원구조 중 '개인 기원찾기' 유형의 특징을 띤다. 주인공인 오혜성의 고민은 개인적인 차원에 집중되어 있으며, 이는 그의 동료들도 마찬가지이다. 그리고 탈주구조 중에서는 '영웅행위' 유형의 특징을 띠는데, 오혜성은 다른 문화콘텐츠 속 주인공과 비교했을 때 자기 파괴적이고 병적인 영웅의 모습을 띤다. 그는 자신이 속한 집단의 리더이면서도 집단의 몰락을 꾀한다. 이후 오혜성은 전승우승을 완성시킬 수 있는 마지막 시합에서 자신의 목숨과 맞바꿔 팀의 패배를 불러옴으로써 '영웅과 악당의 도치'를 완성시킨다.

또한 이 만화는 지속적인 대립 속에서 전개되는데, 고교 시절부터 형성된 오혜성과 마동탁의 대립은 이후 두 구단 간 대립으로 확대되어 그 영향이 사회 전체로 파급된다. 이러한 대립구조는 작가가 손병호의 입을 빌려 언급하는 작품의 문제의식을 통해서도 드러난다. 그는 외인구단의 마지막 시합을 앞두고 "너희들은 각자가 흩어져 서로 치열한 경쟁을 벌이며 실력을 더 키워야 한다. 피나는 대결을 벌여라. 경쟁보다 더 좋은 참고서는 없는 거다"[82]라고 선수들에게 자신의 의견을 피력한다. 이러한 대립의 부추김은 치열한 경쟁이 선형적 진보를 불러올 수 있다는 관점 아래에서 제시된 것이다. 아울러『공포의 외인구단』은 통일구조 속 '원점회귀'의 특징을 지닌다. 이는 오혜성과 최엄지의 만남으로 인해 둘이 사랑하던 과거의 시점을 상기시키는 결말부에서 구체적으로 드러난다. 이상의 내용을 각 원형적 구조별로 자세히 살펴보면 다음과 같다.

1) 모친 부재의 기원

『공포의 외인구단』의 기원구조 유형으로는 '개인 기원찾기'를 들 수 있다. 만화의 주인공인 오혜성은 자신에게 정감을 느끼게 해준 최엄지에 대한 애정에 사로잡힌다. 그는 혈육이라고는 오직 아버지 하나뿐인 캐릭터로, 자동차 사고로 아버지를 잃자 더욱 최엄지에게 몰두한다. 이는 손병호 감독 밑에서 지옥훈련을 마치고 돌아온 뒤에도 계속되어, 최엄지가 마동탁의 아내가 되었음에도 불구하고 그녀를 향한 사랑을 멈추지 않는다.

작품을 전개하는 원동력이 되는 오혜성의 최엄지에 대한 집착은, 그의 정체성을 규명해줄 수 있는 유일한 존재가 최엄지인 것에 기인한다.

---

82) 이현세,『공포의 외인구단 제6권 - 진정한 승자』, 고려가, 1986, 324쪽.

오혜성은 뿌리 깊은 모성 콤플렉스에 시달리며 프로야구의 스타가 되기 직전 어깨가 망가져 좌절한 경험이 있는 캐릭터이다. 그는 혈육이 없는 상태에서 동료보다 최엄지와의 관계 맺기를 더욱 중시한다. 이는 앞서 기원구조 속 '개인 기원찾기'의 예로 확인했던 〈지옥의 묵시록〉이나 〈플래툰〉 같은 영화들이 전장에서 만난 선임을 통하여 자신의 존재 의미를 찾으려 했던 것과 차이를 보인다.『공포의 외인구단』은 존재 의미를 확인시켜주는 자를 동년배의 여성으로 설정해 남성의 마음 속에 있는 여성 의존적 심리 경향이 어머니의 부정적인 영향을 통해서 형성되는 과정[83])을 보여준다.

『공포의 외인구단』 속 '개인 기원찾기'의 특징은 주인공 오혜성뿐만 아니라 다른 캐릭터를 통해서도 확인가능하다. 손병호의 첫 번째 제자이며 실질적인 코치 역할을 하고 있는 최관은 운동선수로서는 결격인 외팔의 장애인이다. 조상구는 심약한 성격이 문제로 이를 극복하기 위해 아예 스스로 손가락 하나를 자른다. 하국상은 한국전쟁 참전 군인의 아들로 검둥이라 놀림을 받으며 자라 거친 성격을 지니고 있다. 최경도는 키가 너무 작아 여성을 비롯한 타인에게 무시를 받으며 살아왔다.

만화 속 캐릭터들은 모두 일정한 콤플렉스를 지니고 있다.『공포의 외인구단』이 다른 수많은 영웅 스토리보다 더 강렬하고 극적일 수 있었던 이유는 그 영웅들이 처음부터 영웅의 지위에 있지 않았기 때문이다.[84]) 아울러 각 캐릭터들의 콤플렉스는 스토리 속 설정에서뿐만 아니

---

83) C.G. 융 외,『인간과 상징』, 이윤기 옮김, 열린책들, 1996, 272~273쪽.

84) 최샛별·최흡,『만화, 문화사회학적 읽기』, 이화여자대학교출판부, 2009, 73쪽.

라 시각 이미지를 통해서도 확인할 수 있다. 외팔이인 최관, 검은 피부의 하국상, 작은 키의 손병호는 작중에서 서커스 단원과 같은 취급을 받는다. 이는 건장한 체격의 라이벌인 유성구단 선수들과 대비를 이루며 그들의 고유한 시각적 특성으로 자리매김하게 된다.

이상의 내용을 정리하면 다음과 같다. 『공포의 외인구단』 속 기원구조적 특징은 '개인 기원찾기' 유형과 관계를 맺는다. 주인공인 오혜성을 비롯하여 다수의 캐릭터들은 내적인 고민을 안은 체 만화 속 사건들에 임한다. 이들은 괴롭히는 사건들은 개인적인 과거 사정과 관련된 것들로, 육친의 부재나 장애 또는 피부색과 같은 선천적인 문제가 대부분이다. 내적인 콤플렉스는 시각 이미지로도 표현되는데 이는 적대자와의 대비를 이루며 『공포의 외인구단』의 캐릭터적 특성을 더욱 강화한다.

아울러 기원구조 분석에서 덧붙이고 싶은 것은 '개인 기원찾기'의 원형적 행위인 타락과 관련된 것이다. 오혜성은 승리를 이룰 수 있었던 경기를 망침으로써 자신을 키워준 아버지와 같은 존재인 손병호를 간접적으로 살해한다. 그러나 오혜성은 이와 유사한 스토리를 지닌 다른 문화콘텐츠의 예에서처럼 손병호의 자리를 승계하지는 않는다. 이는 프로이트와 같은 아버지 살해의 관점이 아니라, 엄격한 어머니의 상징과 그것이 담고 있는 파괴적인 리비도에 관한 것으로 해석될 수 있다.[85] 오혜성이 손병호를 죽음으로 몬 것은 최엄지의 부재와 관련이 있다. 어머니의 부정적인 영향을 통해 형성된 모친 상징적 인물의 부재는 계승이 아니라 순수한 파괴로 귀결된다. 따라서 『공포의 외인구단』에

---

85) G. Durand, 앞의 책, 1960, 161쪽.

서 성찰, 타락, 부친살해의 행위는 발견되는 반면에, 계승행위는 보이지 않는다.

2) 영웅의 이중성

『공포의 외인구단』 속 탈주구조와 관계된 것으로 주인공 오혜성의 병적인 영웅행위를 들 수 있다. 그는 철저히 외부와 고립된 체로 자신의 의지대로만 행동한다. 외인구단에 소속된 뒤에도 이러한 독자적인 행동은 계속되어, 오혜성은 손병호, 최관 등과 끊임없이 부딪히며 동료를 부정한다. 다만 오혜성은 사고로 인해 공을 던질 수 없는 몸이지만, 타격 실력에 있어서만큼은 누구보다 앞선다. 작중 등장인물인 방사형의 대사를 통해 오혜성의 타율이 무려 8할에 육박한다는 것을 확인할 수 있다.[86] 그리고 만화의 주인공으로서 위기 때마다 상대편을 이길 수 있는 해법을 내놓는다. 일례로 단행본 3권에서 오혜성은 상대 투수의 공이 보이는 독특한 버릇을 감지해 내어 팀을 위기에서 구한 바 있다. 이처럼 '동료와의 반목'과 '영웅적 행위'라는 서로 모순된 지점의 두 행동들은 만화의 내용이 전개될수록 심화되어 오혜성의 병적인 영웅으로서의 지위를 더욱 공고히 한다.

이러한 영웅행위가 가장 극대화되는 지점은 단행본 6권에서 선보이는 만화의 절정부인 결승시합이다. 오혜성이 속한 외인구단은 전승우

---

86) 작중 등장인물인 방사형의 대사를 통해 오혜성의 타율이 80%에 육박한다는 것을 알 수 있다. 이현세, 『공포의 외인구단 제3권 - 돌아온 사자들』, 고려가, 1986, 383쪽.

승에 1승만을 남겨두고 있다. 그러나 오혜성은 이미 시합 전날 최엄지를 만나 패배를 종용받은 상황이다. 최엄지는 오혜성에게 "꼭 한번만 져주기를 바래"라는 메시지를 남긴다. 이는 만화의 비극적인 결말을 불러오는 가장 결정적인 요인이 된다. 독자는 오혜성을 대단히 불안한 시선으로 바라보는 가운데, 그가 결국 공을 머리로 들이받고 시합을 망쳐버림으로써 일종의 도치가 일어나는 것을 경험하게 된다.

야구선수를 야구장에서 활약하는 전사라고 본다면[87], 이들의 역할은 묶는 자[88]인 투수를 영웅의 도구인 검으로 끊는 자의 기능을 한다.[89] 그러나 오혜성은 마지막 시합에서 보인 행위를 통해 "묶이는 묶는 사람(le personnage du lieur lié)"[90]이자 악당이 된 영웅이 된다. 문화콘텐츠 속 영웅의 도치는 『공포의 외인구단』의 예에서처럼 병적인 영웅이 택하는 행위에 근거를 제공해, 스토리의 흐름을 수용자가 전혀 예상치 못한 방향으로 끌고 간다.

---

87) 이러한 특징은 이 만화 각 권의 부제에서도 직접적으로 드러난다. '지옥의 훈련(2권)', '돌아온 사자들(3권)', '복수의 칼(4권)' 등 『공포의 외인구단』각 권의 부제를 통해 등장인물을 단순한 운동선수가 아닌 '전사'이자 '투사'로 조명한 작가의 의도를 확인할 수 있다.

88) 야구시합에서 '묶는 자'는 타자의 진로를 방해하는 '투수'이다. '묶는 자'와 '투수'의 상관관계는 중간계투가 성공적인 투구를 마쳤을 때를 일컫는 야구 용어 '홀드(hold)'를 통해서도 확인할 수 있다.

89) G. Durand, 앞의 책, 1960, 186쪽.

90) 위의 책, 230쪽.

3) 타자와의 동일화

『공포의 외인구단』은 대립행위에 기인해 갈등을 심화시킨다. 이 만화의 중심적인 사건은 주인공인 오혜성과 그의 라이벌인 마동탁의 대립이다. 이들은 처음 고등학생일 때 만나 실력을 겨루고, 프로로 데뷔한 뒤에는 끊임없는 대립을 통해 서로에 대한 증오를 키운다. 그리고 절정부의 승리 전까지 마동탁은 오혜성에게 단 한 번도 이기지 못한다. 이처럼 대립행위는 『공포의 외인구단』속 캐릭터간 갈등을 점진적으로 고조시켜 절정부에 이르게 한다.

이 만화는 대립구조의 유형 중 '대립과 진보'에 초점을 맞춘다. 절정부의 대립 이후 오혜성과 마동탁의 갈등은 해소된다. 마동탁은 최엄지를 이용해 첫 승리를 얻을 수 있었다. 그리고 오혜성은 장님이 된 채로 광인이 된 최엄지와 만나게 되고, 둘은 육체적 한계를 극복하고 서로를 알아본다. 오혜성과 최엄지의 해후는 독자에게 적지 않은 감동을 주며 절정부의 비극적 분위기를 정돈하는 역할을 한다.

앞서 살펴본 『공포의 외인구단』속 대립과 진보가 스토리에 관한 것이라면, 이 만화의 시각 이미지는 '타자인식'에 의존하고 있다. 만화의 전반부에 가정형편으로 인해 가난한 모습의 오혜성과 부유한 모습의 최엄지 간 대비는 시각 이미지를 통한 가진 자와 못 가진 자 사이의 차이를 직관적으로 드러낸 것이다. 또한 앞서 기원구조에서 살펴보았듯이, 외인구단의 구성원들은 모두 일정한 콤플렉스를 지니며 이는 시각 이미지로 형상화된다. 최관의 외팔이나 한국상의 검은 피부, 최경도의 작은 키 등이 바로 그것이다. 만화의 유연(類緣) 기호는 대상을 유연적으로 묘사하지만, 그렇다고 해서 그 대상을 반드시 리얼하게 표현하는 것은 아니다. 과장, 디포르메, 생략이 이루어진다.[91] 따라서 콤플렉스를 드러내는 과장된 시각 이미지는 타자와의 대립을 극대화한다.

한편 『공포의 외인구단』의 시각 이미지는 '개인 기원찾기'와 더불어 탈주구조에서 발현되는 도치를 함께 내포하고 있다. 외인구단과 대립을 이루는 유성구단의 선수들은 건장한 육체를 지니고 있으며 복장 또한 단정하다. 그러나 연폐가 거듭되자 유성구단원들은 외인구단과 동일한 방식의 지옥훈련을 치른다. 이때 이들에게 일어난 가장 큰 변화는 외양의 변화이다.

유성구단원들은 모두 머리를 산발하고 수염을 기르며, 헤진 야구복을 입고 광인처럼 행동하는데, 이는 훈련을 마치고 돌아온 외인구단원의 시각 이미지와 동일하다. 최초 외인구단과 유성구단 간 시각 이미지의 대립은 양자를 구분 짓는 근거가 된다. 그러나 이들의 대결이 절정으로 치달았을 때 둘의 시각 이미지는 동일한 형태를 띠게 된다. 이는 앞서 제3장에서 살펴본 타자인식 유형의 상징 중 하나가 복제인간인 것을 상기시킨다.

---

91) 오시로 요시타케, 『만화의 문화기호론』, 김이랑 옮김, 1996, 32쪽. 오시로에 따르면 만화의 시각 이미지는 유연기호, 효과기호, 발화기호로 나뉜다. 이중 유연기호는 '캐릭터', '물품', '장면'을 의미하며, 효과기호는 '주효과(유연기호의 효과)'와 '배경효과'를, 발화기호는 '말풍선'과 만화의 컷을 나누는 '프레임'을 뜻한다.

4) 정체성의 회복

통일구조는 『공포의 외인구단』의 결말과 관계를 맺는다. 이 만화에서 통일구조 속 유형인 '세계의 통일'과 관련된 내적 구성요소는 그다지 드러나 보이지 않는다. 이는 최초 『공포의 외인구단』이 OSMU에 그다지 관심을 보이지 않았기 때문으로 풀이된다. 다만 본편의 내적 구성요소와는 별도로, 우리는 『공포의 외인구단』의 유명세에 힘입어 구축된 고유의 세계를 확인할 수 있다. 부인할 수 없는 것은 1986년 이현세의 『공포의 외인구단』이 영화로 만들어지면서 세간의 만화를 바라보는 시선이 바뀌기 시작했으며, 이후 만화 원작의 영상물이 대거 등장하기 시작했다는 것이다.[92] 일례로 〈이장호의 외인구단〉과 불과 4개월여의 차이를 두고 개봉하여 화제를 모은 〈신의 아들〉(1986)도 박봉성이 그린 동명의 만화를 원작으로 삼았다. 이는 기존과 달라진 '만화에 대한 사회적 시선'을 상징적으로 보여준다.

『공포의 외인구단』은 서로 다른 문화콘텐츠의 형태로 OSMU되면서 다수의 수용자에게 전파되었고, 우리가 흔히 오혜성, 최엄지, 마동탁형으로 부르는 인물의 유형을 탄생시켰다. 이러한 인물의 유형은 현실세계에서도 적용되는데, 우리가 흔히 안경을 낀 강타자에게 마동탁이라는 별명을 붙여주는 것이 그 예이다. 이처럼 『공포의 외인구단』은 대중문화 전반에 영향을 미쳐 KBS 2TV 〈개그콘서트〉에서 선보인 동명의 개그 코너(2005)나, 현용민의 웹툰 『도대체 왜?인구단』(2009) 등이 탄

---

92) 남승연, 「만화 원작 TV 드라마 연구」, 『드라마연구』 제26호, 한국드라마학회, 2007, 221쪽.

생하는 계기가 된다. 이들은 『공포의 외인구단』의 유명세에 힘입어 탄생한 패러디물로, 이 만화의 세계관이 다시금 언급되어 대중들의 기억 속에 자리 잡는 데 도움을 준다.

한편 원점회귀는 『공포의 외인구단』의 스토리와 관련을 맺고 있다. 이 만화의 결말은 최엄지를 되찾은 오혜성으로 요약된다. 둘은 불구의 몸이 되었음에도 결말부에서 다시 만나게 되고, 마동탁은 그 모습을 지켜보면서 "너는 네가 원하던 바를 난 내가 원하던 바를 서로 차지했을 뿐이야"[93]라고 말한다. 결말부에서 오혜성과 최엄지의 재회는 독자에게 어린 시절 둘이 만났던 시작점을 상기시킨다. 따라서 『공포의 외인구단』은 시작과 결말을 동일한 상황으로 상정해, 원점회귀를 통한 정체성 회복을 스토리로 구현한 문화콘텐츠라 할 수 있겠다.

■ 소결

지금까지 우리는 만화 『공포의 외인구단』을 원형적 구조로 분석하고, 각 구조를 통해 도출되는 내적 구성요소의 특징을 살펴보았다. 이제 이 만화에 대한 분석을 마무리 지으면서 만화 속에 내포된 의미를 밝혀보고자 한다. 『공포의 외인구단』은 출간 당시의 시대적 배경과 깊은 관련을 맺고 있다. 만화의 주된 소재가 되는 프로야구는 만화 발간 한 해 전인 1982년에 공식으로 출범했으며, 주로 외인구단 선수들을 통해 드러나는 신분 상승과 부의 획득 또한 일확천금이 가능했던 1980년대 당시의 시대상황을 반영한 것이다.

---

93) 이현세, 『공포의 외인구단 제6권 - 진정한 승자』, 고려가, 1986, 423쪽.

또한『공포의 외인구단』은 현상의 타계를 위해 취하는 극단적인 행동을 미화하는 것 같은 인상을 수용자에게 전달해준다. 이는 만화는 물론이고, 드라마나 영화 등에서 광범위하게 나타나는 '근면의 신화'를 형상화한 것이다. 이러한 근면의 신화는 자본주의 헤게모니를 반영하는 것으로, 노력으로 성취되는 신분의 변화에 집중하고 있다.『공포의 외인구단』에 담긴 시대 상황의 특징은 문화콘텐츠가 동시대의 가치관을 보여주는 예시가 될 수 있음을 보여준다.[94]

다만『공포의 외인구단』이 근면의 신화적 측면을 넘어서 당대의 독자들에게 적지 않은 카타르시스를 안겨주었다는 사실을 짚고 넘어갈 필요가 있다. 이는 양적 팽창이 해결할 수 없는 '성취감의 부재'와 관련이 깊다. 부와 명예의 획득으로도 극복할 수 없는 성취감의 부재는『공포의 외인구단』의 스토리를 이끄는 중요한 문제이며, 이 만화는 이러한 부재의 해소를 스포츠에서의 대립(외인구단과 유성구단 간 충돌)과 일상생활 속에서의 대립(타인의 아내를 원하는 오혜성과 승리를 원하는 마동탁 간 충돌)으로 풀어내고 있다.

정리하면『공포의 외인구단』은 스토리와 시각 이미지의 전개 내내 대립구조를 활용하면서, 주요인물이 죽거나 불구가 되는 비극적인 결말부를 배치해 독자로 하여금 격렬한 감정의 충동이 외부로 표출되도록 돕는다. 이러한 특징들은『공포의 외인구단』이 1980년대 한국대중문화의 전형으로 자리매김하게 돕고 있으며, 앞서 언급한『공포의 외인구단』의 파생콘텐츠들 또한 그 의미를 공유하고 있다.

---

94) 최샛별·최흡, 앞의 책, 2009, 96~97쪽.

■3. 애니메이션 사례: <돼지의 왕>

〈돼지의 왕〉은 2011년 11월에 개봉한 한국의 극장용 애니메이션이다. 감독은 〈사랑은 단백질〉(2008), 〈사이비〉(2013), 〈부산행〉(2016) 등을 연출한 연상호이고, 캐릭터 원안은 『공룡 둘리에 대한 슬픈 오마주』, 『습지생태보고서』를 그린 만화가 최규석이 맡았다. 이 애니메이션은 2011년 제16회 부산국제영화제 넷팩상, 제16회 판타지아 영화제 베스트 애니메이션 영화상을 수상했으며, 한동안 아동 위주의 작품만 제작되던 한국 애니메이션계의 경향에 반해 성인을 대상으로 했다는 점에서 주목을 받았다.[95] 〈돼지의 왕〉이 성인을 대상으로 제작된 애니메이션임을 보이는 요소들은 곳곳에 발견되는데, 황경민이 살해한 아내의 얼굴이 클로즈업되는 도입부를 비롯해서 학교를 배경으로 사회구조를 고찰한 스토리는 본 애니메이션이 성인층을 수용자로 지목하고 있음을 짐작케 한다.

〈돼지의 왕〉의 스토리는 다음과 같다. 사업부도 후 충동적으로 아내를 살해한 황경민은 오랜만에 중학교 동창인 정종석을 만난다. 대필 작가로 생계를 유지하던 정종석은 황경민이 15년만에 자신을 찾아오자 당황한다. 선술집에서 술잔을 기울이며 과거를 회상하던 둘은 중학교 시절 그들의 우상이었던 김철을 떠올린다. 높은 성적과 폭력을 무기삼아 철저한 계급사회를 구성한 '개'와 같은 무리들에 맞선 김철은 황경민과 정종석을 위시로 한 '돼지'들의 우상이었다. 그러나 친구들과의 싸움

---

95) 한국독립영화협회, 앞의 글, 2012, 91쪽 참조.

에서 칼을 휘두른 김철은 퇴학을 당하고, 황경민과 정종석에게 월요일 조례시간 공개 자살하겠다고 선언한다.

과거에 대한 회상이 반복되는 가운데 김철이 뛰어내린 옥상으로 올라간 둘은, 실은 김철이 자살한 것이 아니라 그의 상징성을 유지하기 위한 정종석의 의도에 의해 떠밀려 추락사한 것이었음을 밝히며 오열한다. 정종석은 공포에 질려 옥상 아래로 내려오지만, 황경민은 김철이 떨어졌던 그 날과 마찬가지로 옥상에서 뛰어내려 숨을 거둔다. 망연자실한 정종석은 동거녀의 전화를 받고 자신의 공포감을 피력하는 것으로 애니메이션은 끝을 맺는다.

〈돼지의 왕〉은 원형적 구조로 분석 가능한 여러 상징과 시각 이미지를 내포하고 있다. 이들 중에서 기원구조에 속하는 것은 '개인 기원찾기'에 해당되는 자신의 과거 찾기로, 어린 시절에 있었던 사건이 지금의 자신에게 어떤 의미를 지니는지 밝히는 것이다. 황경민과 정종석 두 사람은 오랜만의 해후를 만끽하기도 전에 자신들의 마음 속 깊은 곳에 숨겨진 폭력성의 근원을 찾아간다. 황경민은 애니메이션의 시작 부분에 아내를 목 졸라 살해했으며, 정종석은 동거녀에게 주먹을 휘두른다. 이러한 폭력성의 근원에는 중학교 시절의 사건이 도사리고 있었다. 그리고 그들의 회상을 통해 조금씩 드러나는 중학교 시절의 모습은 한국 사회의 축소판에 다름 아니다.

한편 탈주구조에 해당되는 것으로 김철의 영웅행위를 들 수 있다. 그는 병적인 영웅이면서도 구세주의 모습을 가장한다. 이후 〈돼지의 왕〉의 스토리는 김철의 죽음에 초점을 맞추며 '희생자가 된 영웅'이 된 그의 모습을 보여준다. 대립구조는 본 문화콘텐츠의 스토리를 구성하는 사건을 낳음과 동시에, 동물 이미지를 차용한 돼지와 개의 시각 이미지 대립을 발현시킨다. 마지막으로 통일구조에 해당하는 것으로는 '원점회귀'를 들 수 있다. 〈돼지의 왕〉은 최초 기원구조로 상기된 두 주역의 옛 과오가 현재에도 여전히 이들에게 영향을 미치고 있음을 보여준다. 이상의 내용을 각 원형적 구조별로 상세히 살펴보면 다음과 같다.

1) 추락으로의 귀결

〈돼지의 왕〉은 기원구조 중 '개인 기원찾기'로 분석 가능한 애니메이션이다. 먼저 스토리의 측면에서 이를 살펴보면 다음과 같다. 아내를 살해한 황경민은 정종석을 만나 과거 중학교 시절에 대한 추억을 나눈다. 이후 애니메이션의 대부분을 차지하는 옛 시절에 대한 회상은 유년기의 특정한 사건이 현재에 어떠한 영향을 미쳤는지를 추적하는 형태로 전개된다. 통일구조에서도 살펴볼 내용이지만, 본 작품의 캐릭터들이 지니고 있는 공통된 관념은 "내가 가장 무서운 게 뭔지 알아? 그건 너희들이 나중에 오늘을 회상하며 즐거운 한 때의 추억이라고 생각하는거야"라고 쏘아 붙이듯 적대자에게 말하는 김철의 대사로 대변된다.

역사에 대한 서술이 그러하듯이 과거에 대한 상기는 어떠한 형태로든 현재의 해석을 수반한다. 그렇기에 기원은 인간 의식의 그 어떤 것보다도 더 현재적이다.[96] 이들은 자신들을 괴롭히는 무리들이 중학교

---

96) 라제기, 「계급 사회, 한국의 현실에 대한 정밀 보고서」, 『플랫폼 31』, 인천문화재단, 2012, 102쪽.

시절을 좋은 의미로 되새길 수 없기를, 나아가 자신들이 그 시절을 긍정적으로 추억할 수 있기를 원한다. 그러나 이들은 정종석이 김철을 죽였다는 불쾌한 기억을 공유해 대화의 단절을 경험했을 뿐만 아니라, 옛 시절을 긍정적으로 추억할 수도 없게 되었다. 황경민이 아내를 죽인 뒤 15년간 연락을 끊고 살았던 정종석을 다시 찾은 것은, '김철의 죽음'이라는 과거의 사건이 현재의 자신을 만들었음을 스스로 인정함에 다름 아니다.

이러한 '개인 기원찾기'의 스토리를 강화하는 것으로 공간의 시각 이미지를 들 수 있다. 특히 공간의 시각 이미지 중 김철이 퇴학을 맞는 계기가 되는 싸움이 일어난 곳이자, 그가 추락사하기 전 마지막 순간을 보낸 옥상을 주목할 필요가 있다. 추락은 두려움에 대한 원형적 경험으로 시간의 끔찍한 양상들을 요약하고 응축시킨다.[97] 그리고 옥상은 '높음'을 내포하는 곳으로 추락의 행위가 예견된 공간이다. 〈돼지의 왕〉을 보는 수용자들은 옥상이라는 공간의 상징성을 통해 김철의 추락사와 황경민의 투신자살을 상호 연계된 사건으로 인식하게 된다.

기원구조 아래 살펴보아야 할 중요한 요소 중 또 하나로 존속살해에 대한 상징인 '칼'을 들 수 있다. 김철은 아버지가 사체로 발견된 절망적인 상황 속에서 어머니를 죽이고 자신도 죽으려는 생각에 칼을 들고 어머니가 일하는 단란주점을 찾아간다. 여기서 칼은 존속살해의 도구이자, 애니메이션 속 대립을 대표하는 역할을 한다. 뿐만 아니라 칼은 김철이 황경민과 정종석에서 자신의 사상을 피력하는 고양이의 살해행위

---

97) G. Durand, 앞의 책, 1960, 123~124쪽.

에도 등장하고, 퇴학의 계기가 된 옥상의 난투극에서도 등장한다. 뒤랑에 따르면 칼은 기본적으로 상승을 상징하는 영웅의 도구이지만, 이 애니메이션에서는 "이(齒)에 대한 사디즘으로 변형"[98]되어 물어뜯는 상징체계로 옮아가게 된다. 동물의 물어뜯음을 나타낸 상징은 추락의 원형과 연계되어 죽음의 괴물들을 과장하여 투영하는 역할을 한다. 따라서 김철이 칼을 가지고 수행하는 행위들은 이후 자신이 맞이할 추락을 미리 보여주는 것으로 해석될 수 있다.

이처럼 〈돼지의 왕〉은 기원구조 중 '개인 기원찾기'의 특성을 띠며, 이는 스토리상으로는 과거의 사건이 현재에 어떠한 영향을 미치는지에 대한 해석이 반영된 것이다. 그리고 시각 이미지상으로는 과거의 사건을 상기시키는 공간이 제시된다. 〈돼지의 왕〉 속 캐릭터들은 현재의 어려운 상황 속에서 자신의 기원을 찾으려는 행위를 지속적으로 수행하는데, 이들은 결국 더 나은 미래를 맞이하는 데 실패함으로써 통일구조에서의 '원점회귀' 유형과 연결된다.

2) 희생자가 된 영웅

폴 웰스(Paul Wells)에 따르면 애니메이션 속 행위는 캐릭터, 대상, 환경 간의 관계를 적절하게 표현한다. 이때 캐릭터는 미디어의 가능성에 의해 이미 인지된 외적 조건의 형식적인 능력을 표현하고 확장시키는 행위를 수행한다.[99]

---

98) 위의 책, 89쪽.

99) P. 웰스, 『애니마톨로지』, 한창완·김세훈 옮김, 한울아카데미, 2001, 177쪽.

따라서 〈돼지의 왕〉 속 탈주구조의 특징을 확인하기 위해서는 김철이라는 캐릭터의 행위를 중점적으로 살펴볼 필요가 있다. 작중 김철은 황경민과 정종석을 이끄는 영웅행위에 도취되어 있다. 모든 일을 폭력으로 해결하는 그는 앞서 살펴본 배트맨의 경우와 마찬가지로 병적인 영웅의 특징을 지닌다. 김철은 아버지에 대한 강렬한 증오에 사로잡혀 있으면서도, 그가 남긴 "돈이면 다 해결된다"는 말에 얽매여 있다. 그는 아버지의 유지를 곡해해 학생들을 괴롭히는 무리를 벌하는 '괴물'이 될 것을 결심한다. 김철이 일관되게 행하는 폭력행위는 이러한 관념의 발로이다.

　아울러 김철은 병적인 영웅이면서도 구세주의 모습을 가장한다. 그는 황경민과 정종석의 기억 속에서 그들을 구원할 영웅의 모습을 띤다. "앞으로 학교생활이 즐거워질 것 같아"라는 황경민의 대사는 김철에 대한 그의 기대감을 짐작케 한다. 그리고 절정부에 자살을 할 의도가 없었던 김철을 정종석이 살해한 것도 구세주적인 영웅의 변용으로 풀이된다. 애니메이션의 절정부에서 살인의 이유를 추궁하는 황경민에게 정종석이 내뱉은 "철이는 돼지들의 왕이 되어야 했어!"라는 대사는 그가 김철을 구세주로 보았음을 반증하는 것이다. 김철은 정종석에게 살해당함으로써 구세주를 가장한 병적인 '영웅'에서, 비참한 '희생자'로 도치된다. 이는 탈주구조 속 캐릭터의 전복을 잘 드러내는 예이다. 이러한 도치를 통해 김철이 지닌 영웅적 행위와 그 의미는 그의 의도와는 무관하게 더욱 강화된다.

3) 동물 이미지의 끔찍한 활용

〈돼지의 왕〉에서 스토리를 구성하는 사건들은 대립행위를 기반에 두
고 전개된다. 그리고 이러한 대립행위에는 물리적인 폭력이 수반된다.
서로 다른 무리에 속한 인원들이 상대방을 대상으로 행하는 폭력행위
는 타자에 대한 부정적인 인식을 근저에 두고 수행되며, 김철의 타살과
황경민의 자살 또한 폭력적 대립행위의 귀결이다. 그러나 본 애니메이
션에서 대립구조를 선명하게 제시하는 것은 이러한 스토리상의 대립보
다도 시각 이미지의 대비를 통해서이다.

작품 속 시각 이미지의 대비가 두드러지는 이유는 〈돼지의 왕〉이 과
장된 캐릭터를 행위 주체로 삼는 애니메이션의 미디어 형태를 지니기
때문이다.

애니메이션은 상징성을 직관적인 시각 이미지로 드러내는 캐릭터들
로 구성된 영상물이다. 특히 디즈니 애니메이션의 예에서 보듯이, 이러
한 시각 이미지의 상징성은 동물의 이미지를 통해 제시되는 경우가 잦
다. 이는 모든 이미지들 중에서 가장 자주 등장하고 보편적인 것은 동
물에 대한 이미지이기 때문이다.[100] 따라서 융의 이야기대로 "원형을
기술하는 데 동물 형태의 특수한 출현 방식을 생각하지 않는다면, 이는
충분하다고 할 수 없을 것이다."[101]

〈돼지의 왕〉은 억압하는 자를 개로, 억압받는 자를 돼지로 비유하면서
이들의 시각 이미지를 번갈아 내보인다. 서로 대립하는 존재를 동물에

---

100) G. Durand, 앞의 책, 1960, 71쪽.
101) C.G. 융, 앞의 글, 2002, 304쪽.

비유한 본 애니메이션의 시각 이미지는 아트 슈피겔만(Art Spiegelman)의 만화 『쥐』(MAUS, 1991)를 연상시킨다. 슈피겔만은 아버지의 홀로코스트 경험을 기반으로 만화의 스토리를 풀어내는데, 등장하는 캐릭터가 유대인인 경우 쥐로, 독일인의 경우 고양이로 표현하였다. 『쥐』는 논픽션임에도 불구하고 일반적인 서술체로 전개된다. 하지만 책이 진행되면서 은유가 점점 더 문제가 되자, 슈피겔만은 숨겨진 상징과 의미들을 우리 눈앞에 바로 펼쳐 보인다.[102] 이러한 숨겨진 상징과 의미는 동물이 지닌 부정적인 의미의 원형을 차용한 것으로, 이는 조지 오웰(George Orwell)의 『동물농장』 이후 여러 문화콘텐츠에서 찾아볼 수 있는 고전적인 양식이다.

애니메이션 속 개는 날카로운 이빨을 지니고 돼지를 먹어치우는 짐승으로 표현된다. 이는 그들이 분열형태적 구조에 속하며 "씹고 물어뜯을 준비가 되어 있는 아가리"[103]를 지니는 부정적인 존재임을 나타낸다. 아울러 황경민과 정종석으로 대표되는 돼지 또한 오직 자신을 살찌우는 것에만 관심이 있는 무능한 짐승으로 묘사된다. 이들과 마찬가지로 돼지에 속하는 학우들은 계속되는 개들의 괴롭힘에도 불구하고 황경민과 정종석에게 도움의 손길을 뻗지 않는데, 이는 두 주인공이 사회에 대한 분노를 키우는 원인이 된다. 따라서 개와 돼지의 시각 이미지는 대립구조 중 '타자인식'을 강화하며, 스토리 속 대립행위를 수용자의

---

102) S. McCloud, *Reinventing Comics: How Imagination and Technology Are Revolutionizing an Art Form*, HarperCollins, 2000, 33쪽.

103) G. Durand, 앞의 책, 1960, 90쪽.

인식 속에 각인시키는 효과를 거둔다.

한편, 〈돼지의 왕〉에서 '대립과 진보'에 해당하는 스토리나 시각 이미지는 잘 드러나지 않는데, 이는 본 애니메이션이 대립행위 속에서 더 나은 미래를 상정하기보다는 끊임없는 과거로의 '원점회귀'를 강조하기 때문으로 해석된다.

4) 고통의 반복

〈돼지의 왕〉에서 두드러지는 통일구조의 유형은 원점회귀이다. 이 유형은 스토리에 일정한 재귀성을 부여해 이전보다 나아지지 않는 '벗어날 수 없는 상황'을 제시한다. 황경민과 정종석의 '개인 기원찾기'로 촉발된 애니메이션 속 스토리는 황경민의 자살로 끝을 맺는다. 이는 과거의 일이 현재에 영향을 미치는 현실을 수용자에게 전달하기 위한 것이다. 그리고 김철과 황경민의 죽음이 추락한 시체와 바닥에 번지는 피의 시각 이미지로 서로 중첩되는 것은 참담한 상황의 반복을 강조하는 역할을 한다.

원점회귀를 드러내는 본 작의 통일구조적 특징은 다른 원형적 구조와 단단히 결합되어 있다. 황경민과 정종석의 '개인 기원찾기'는 황경민의 죽음으로 귀결된다. 이는 '원점회귀'와 '개인 기원찾기'의 연결을 확인시켜준다. 그리고 애니메이션 속 대립행위 또한 '원점회귀'로 귀결된다.

중학교 시절 황경민과 정종석을 괴롭혔던 개의 무리들은 이미 현재 시점에서는 사라진 존재들이다. 그러나 황경민과 정종석의 대립행위는 끝나지 않았으며, 오히려 애니메이션 말미의 황경민과 정종석 간 대립 행위로 전이된다.

〈돼지의 왕〉은 이러한 대립행위가 지속적으로 반복되는 이유로 경직된 사회 시스템을 지목한다. 이 애니메이션의 시대적 배경은 군사 독재라는 전면적 폭압 기제가 사라지고, 대신 빈부 격차가 본격화되는 시기이다. 따라서 〈돼지의 왕〉 속 사회를 지배하는 시스템은 돈을 매개로 한 갑을관계다.104) 이러한 배경 아래 각 캐릭터가 원하는 결말은 그들에게 주어지지 않으며, 죽음으로 귀결되는 비극의 반복은 과거의 사건을 통해 예견된다. 그러므로 〈돼지의 왕〉 속 원점회귀는 각 구조를 통해 분석된 애니메이션 속 스토리와 시각 이미지를 정돈해, 작품의 주제의식이 관객에게 효과적으로 전달되도록 돕는다.

■ 소결

지금까지 우리는 애니메이션 〈돼지의 왕〉을 원형적 구조로 분석하고 이를 통해 도출되는 특징을 살펴보았다. 원형적 구조 분석을 마무리하면서 본 애니메이션이 지니는 의미와 창작자가 수용자에게 전달하고자 하는 바를 살펴보면 다음과 같다.

〈돼지의 왕〉은 체제에 대한 문제의식을 제기하는 애니메이션이다. 정종석과 황경민은 김철을 자신들의 리더로 모시며 반란을 꾀하지만 그들에게 돌아오는 것은 정학과 퇴학이고 체제는 흔들리지 않는다. "무슨 수를 써도 그들을 이길 수 없다"는 영화 속 대사는 계층 간 이동의

---

104) 이재성, 「돼지의 왕 - 학교는 사회의 축소판이라는 불편한 진실」, 『우리교육』 2012년 3월호, 우리교육, 2012, 269쪽.

사다리가 사라지고, 계층이 계급으로 변질된 시대에 피지배자들이 느끼는 패배감을 압축해 전한다.[105] 따라서 우리는 〈돼지의 왕〉 속 시대 상황이 전하는 의미를 되짚어 볼 필요가 있다.

애니메이션 속 캐릭터가 경험하는 세계는 사회의 축소판인 중학교이다. 원형적 구조를 통한 분석에서 확인할 수 있듯이, 김철이라는 구세주를 가장한 병적인 영웅이 이 세계에서 변화를 불러일으키려 한다. 그러나 그는 자신의 지지자인 정종석에 의해 살해당하고, 그와 관련된 모든 이들은 이 사실을 잊고 싶어한다. 자신들을 괴롭혔던 학생들에게 악몽 같은 기억을 안기고 싶었던 김철의 의도는 도리어 종석 일행을 향하게 된다.

〈돼지의 왕〉을 접한 수용자들은 애니메이션 속 스토리와 시각 이미지를 통해 현실에서 벌어진 '어떤 사건'을 떠올릴 것이다. 〈돼지의 왕〉이 '개인 기원찾기'로 인한 원점회귀를 표출한 작품임을 감안할 때, 이 애니메이션이 지닌 문제의식은 특정한 사회적 사건의 의미, 예를 들면 전직 대통령의 자살 사건이 지니는 의미를 수용자에게 다시금 되새기게 하는 것이다. 따라서 〈돼지의 왕〉이 추구한 현실 속 사건의 호명은 스토리와 시각 이미지 속에 사회적 의미를 함축해 이를 수용자에게 상기시키는 효과를 낳아 작품의 문제의식에 힘을 실어준다.

---

105) 라제기, 앞의 글, 2012, 103쪽.

4. 게임 사례: <폴아웃 3>

　<폴아웃 3>(Fallout 3)는 2008년 미국의 베데스다 소프트웍스에서 발매한 콘솔 및 PC RPG이다. 이 게임은 1997년 발매된 <폴아웃>(Fallout)의 세 번째 후속작으로 2편까지 고수하던 전통적인 턴(turn)제 RPG의 방식에서 벗어나 FPS의 특징을 시리즈에 접목하여 큰 인기를 얻었다. <폴아웃 3>는 IGN, 게임리더, 게임스파이, 유고네트워크즈, 가마스트라 등의 웹진에서 올해의 게임(Game Of The Year) 상을 수상했으며, 2009년 말까지 총 500만 장의 판매고를 기록했다.

　높은 상업적 성과와 더불어 자주 언급되는 이 게임의 특징으로는 성인을 대상으로 한 게임요소를 들 수 있다. <폴아웃 3>는 미국에서 만 17세 이상이 이용 가능한 M(Mature) 등급을 받았는데, 이는 자극적인 대사와 스토리, 시각 이미지에 따른 것이다. 게임 플레이어는 폴아웃 세계의 구성원이 되어 자신의 이름과 성별, 외양을 정한 뒤, 게임 속 세계에서 여러 위법적인 행위를 수행할 수 있다. 이러한 게임 플레이의 설정은 <폴아웃 3>가 퀘스트 위주로 구성된 RPG이기 때문에 가능한 것이다. 이 게임을 접하는 플레이어는 약자를 보호하고 인도하는 전통적인 영웅의 행위뿐만 아니라 사기, 협잡, 살인, 식인 등을 행하는 악인의 행위 또한 수행할 수 있다.

　다만 다양한 퀘스트의 서브 스토리 위로 하나의 메인 스토리가 존재한다. 이를 자세히 살펴보면 다음과 같다. 2077년, 미국과 중국의 오랜 분쟁 끝에 핵전쟁이 일어나 미국 대륙은 황무지가 된다. 지상의 모든 생명체는 사라지고 '볼트(vault)'라 이름 붙은 지하대피소로 피신한 소수의 생존자만이 살아남는다. 황무지의 참담함 속에서 게임의 주인공106)은 실종된 아버지를 찾기 위해 자신이 속한 볼트 101의 철문 밖을 나선다. 그는 메가톤이라는 마을에서 아버지가 워싱턴 DC로 갔다는 소식을 듣는다. 이후 주인공은 아버지의 동료였던 닥터 리를 만나고, 아버지가 황무지의 수질을 정화하는 '프로젝트 퓨리티(Project Purity)'를 수행하기 위해 세상 밖으로 나섰음을 확인하게 된다.

동료들의 도움으로 주인공은 가상현실에 갇혀 있던 아버지를 구출한다. 그러나 수질 정화 기술을 독점하려는 악의 무리인 엔클레이브의 손에 주인공의 아버지는 목숨을 잃는다. 주인공은 엔클레이브에 대항하기 위해 황무지의 거대 세력 중 하나인 브라더후드 오브 스틸과 협력하게 된다. 이후 브라더후드 오브 스틸과 엔클레이브는 전면전을 벌이고, 주인공은 거대 로봇인 리버티 프라임의 힘을 빌려 엔클레이브 일당을 무력화시킨다. 주인공은 아버지의 유지를 이어 프로젝트 퓨리티를 가동하고 황무지는 평화를 되찾는다.

〈폴아웃 3〉는 기본적으로 SF 장르, 특히 할리우드 SF 영화에 영향을 받은 세계관을 지닌다.107) 따라서 이 게임을 구성하는 스토리와 시각

---

106) 〈폴아웃3〉는 RPG이므로 주인공의 이름을 수용자가 정할 수 있다. 다만 이름을 입력하기 전 게임 속에 표기된 디폴트 네임(default name)은 '외로운 방랑자(Lone Wanderer)'로 되어 있다. 본 책에서 이 명칭을 써도 되겠지만, 방랑자라는 명칭은 읽는 이의 해석에 따라 불필요한 의미가 부여될 위험이 있다. 따라서 본 책에서는 오해의 소지를 방지하기 위해 이를 간략히 '주인공'으로 지칭한다.

이미지도 해당 장르의 영향 아래 놓여 있다. 할리우드 SF 영화는 앞서 제3장에서 살펴본 바와 같이 대립구조의 '타자인식'과 직접 관련을 맺고 있다. 아울러 〈폴아웃 3〉는 게임에 속하는 문화콘텐츠이므로 '세계의 통일' 또한 중요하다. 각 원형적 구조에 따른 〈폴아웃 3〉의 특징은 다음과 같다.

먼저 기원구조에 속하는 유형은 〈폴아웃 3〉의 스토리에서 발현된다. 이 게임의 메인 스토리는 아버지를 찾아 나서는 모험담인데 이는 '개인 기원찾기'에 해당된다. 그리고 게임이 진행될수록 파괴된 미국을 재건하는 건국신화적 요소들이 스토리 속에서 발현된다. 그리고 탈주구조의 경우 〈폴아웃 3〉의 시각 이미지를 통해 확인할 수 있다. 이 게임은 1950년대를 상징하는 사물이 SF 장르와 결합한 시각 이미지를 지니고 있다. 이는 대립구조 및 통일구조와 결합되어 게임 속 통일된 세계의 구축에 일조한다.

대립구조의 경우 '타자인식'을 중심으로 삼는다. 주인공과 대립각을 세우는 타자는 복제인간이나 살인괴물의 형태를 띠는데, 이는 전술한 바와 같이 〈폴아웃 3〉가 할리우드 SF 영화의 영향을 받았기 때문이다. 통일구조의 경우 이 게임의 세계관 구축과 관련된 것으로, 〈폴아웃 3〉는 판타지 장르의 전형인 TRPG의 영향을 직접 받은 세계관을 지닌다.

---

107) 특히 〈폴아웃 3〉의 서브 퀘스트(sub quest) 중 '복제인간(Replicated Man)'은 영화 〈블레이드 러너(Blade Runner, 1982)〉를, '그것들!(Those!)'은 영화 〈그들!(Them!, 1954)〉을 오마주한 것이다. 이러한 〈폴아웃 3〉와 할리우드 SF 영화의 상관관계는 탈주구조 및 대립구조를 통한 시각 이미지 분석을 통해 더욱 자세히 살펴볼 수 있다.

본 절에서는 이를 각 구조별로 상세히 분석해 보기로 한다.

1) 건국신화의 기원

〈폴아웃 3〉의 메인 스토리는 아버지의 찾아 나서는 모험에 기반을 둔다. 이 게임의 주인공이 황무지로 나선 이유는 실종된 아버지를 찾기 위해서이다. 그리고 주인공은 아버지와의 만남을 통해, 그의 아버지가 프로젝트 퓨리티라는 국가 재건 행위에 깊이 관여되어 있음을 알게 된다. 결국 주인공의 아버지는 적대 세력인 엔클레이브에 의해 목숨을 잃지만, 주인공은 프로젝트 퓨리티를 성사시키는 데 중요한 역할을 수행하며 아버지의 유지를 잇게 된다.

이러한 스토리는 기원구조의 두 유형인 '개인 기원찾기'와 '공동체 기원찾기'가 혼합되어 발현된 것이다. 스토리의 시작점에서 아버지를 찾아 나서는 주인공의 행위는 '개인 기원찾기' 유형에 부합한다. 그리고 아버지와의 짧은 대화 이후, 그는 대를 이어 국가 재건을 위한 행동을 수행한다. 메인 스토리의 중심에서 주인공이 행하는 프로젝트 퓨리티의 발동은 '새로운 미국의 건설'이라는 건국행위에 해당된다. 따라서 '개인 기원찾기'로 시작해 건국행위로 귀결되는 〈폴아웃 3〉의 메인 스토리는 가상세계를 배경으로 한 게임의 스토리임에도 수용자들에게 친숙한 내용을 전달한다.

물론 이 게임은 퀘스트를 중심으로 진행되는 RPG의 형태를 취하고 있기 때문에, 자신이 어떠한 퀘스트를 어떤 방식으로 풀어내는가에 따라서 스토리의 디테일은 달라질 수 있다. 마을 구성원의 몰살이나 노예

사냥, 식인과 같은 위법적인 행위 또한 게임 스토리의 일부로 제시된다. 그러나 〈폴아웃 3〉의 메인 스토리는 이러한 수용자의 행위에 영향을 받지 않고 '끊임없이 복원되고 평가되며, 가치가 부여되는' 건국신화의 형태를 유지한다. 이는 수용자에게 기존의 문화콘텐츠와 유사한 스토리를 제시해 안정감을 주기 위한 방편으로 풀이된다.

오늘날 많은 시나리오 서적은 캠벨이 대중화시킨 '영웅의 모험'에 대해 말한다. 게임 디자이너도 비슷한 조언을 듣는데, 주인공이 영웅의 모험과 유사한 육체적·정신적 시련을 겪도록 임무를 배치하라는 것이다. 이는 관객들이 이런 전통적인 줄거리 구조에 익숙하기 때문이다.108) 이러한 전통적인 건국신화 스토리가 주는 안정감은 이후 살펴볼 '세계의 통일'을 통해 한층 더 강화된다.

2) SF 장르의 노스탤지어

〈폴아웃 3〉의 시각 이미지는 탈주구조 속 '낙원도피' 유형과 직접 연계된다. 이는 게임 속 시각 이미지가 1950년대 미국문화를 직접 차용했기 때문이다. 〈폴아웃 3〉는 서기 2277년을 시간적 배경으로 삼는다. 그러나 게임 속 공간과 사물의 시각 이미지는 1950년대를 상기시키는 것들로 가득 차 있다. 이러한 노스탤지어의 추구는 1950년대 할리우드 SF 영화 속 로봇을 닮은 미스터 핸디, 프로텍트론, 센트리봇, 로보브레인 등의 캐릭터로 구체화된다. 특히 프로텍트론은 미국의 고전 SF 영화 〈금지된 행성〉(Forbidden Planet, 1956)에 등장하는 로봇 '로비(Robbie)'를

---

108) H. 젠킨스, 앞의 책, 2008, 175쪽.

패러디한 것으로 외형이 로비의 그것과 매우 흡사하다.109)

로봇 외에 낙원으로의 도피와 직접적인 관련을 맺는 시각 이미지로 게임 속 아이템인 만화책 『그로그낙 더 바바리안』(Grognak the Barbarian)을 들 수 있다. 근접공격을 강화시키는 효과를 지니고 있는 이 아이템은 로버트 E. 하워드(Robert E. Howard)의 펄프픽션인 『코난 더 바바리안』(Conan the Barbarian)을 패러디한 것이다. 게임 속에서 확인할 수 있는 『그로그낙 더 바바리안』의 표지 이미지는 『코난 더 바바리안』의 그것과 비슷하다.110) 〈폴아웃 3〉 속에는 이러한 노스탤지어 추구의 정서를 자극하는 시각 이미지가 도처에서 발견된다. 게임 속 벽에 붙은 포스터들과 로딩 시 제시되는 일러스트는 과거를 상기시키는 시각 이미지의 기능을 수행한다.

〈폴아웃 3〉에서 노스탤지어를 불러일으키는 시각 이미지가 활용되는 이유는 제2차 세계대전의 종식과 함께 '풍요로운 사회(affluent society)'로 기억되는 1950년대와 핵전쟁으로 멸망한 23세기의 대비가

---

109) 다만 외형 외에 이들 둘은 각각의 출연작에서 취하는 역할이 많이 다르다. 〈금지된 행성〉의 로봇 로비가 인간에게 도움을 주는 '로봇 3원칙(The Three Laws of Robotics, 이는 〈아이, 로봇〉의 원작자인 아시모프가 세운 것이다)'의 지배를 받는다면, 프로텍트론은 초기 세팅에 따라서 사람을 공격하기도 하는 '살인괴물'의 일종으로 취급된다. 이는 〈금지된 행성〉이 상연된 1950년대와 〈폴아웃3〉가 제작된 2000년대의 로봇에 대한 인식 차이를 보여준다.

110) 『코난 더 바바리안』의 패러디는 〈폴아웃3〉의 제작사인 베데스다 소프트가 판매하는 또 하나의 RPG인 〈엘더스크롤(The Elder Scroll)〉 시리즈를 상기시킨다. 이 게임은 SF 장르를 표방한 〈폴아웃〉 시리즈와 달리 『코난 더 바바리안』을 원전으로 삼는 소드 앤 소서리(Sword & Sorcery) 장르에 속한다.

자아내는 아이러니를 플레이어에게 전달하기 위해서이다. 〈폴아웃 3〉
속 도처에서 발견되는 노스탤지어의 시각 이미지는 게임이 제시하는
참담한 세계관과 대비를 이루어 강렬한 인상을 수용자에게 남긴다. 이
러한 '낙원도피'적 시각 이미지의 특징은 이후 살펴볼 대립구조 속 '타
자인식' 유형과 더불어 〈폴아웃 3〉의 세계관 구축에 일조한다.

3) 타자인 인간 혹은 괴물

〈폴아웃 3〉의 대립구조는 서로 투쟁을 벌이는 집단을 형성하는 '타
자인식'에 기반을 둔다. 이 게임은 각 세력이 어떠한 생활을 영위하고
있는지를 세밀하게 구현한다. 이들은 서로 반목하거나 연대하면서 게
임의 중심에 위치한 메인 스토리와 퀘스트로 제시되는 서브 스토리를
형성한다.111) 주목할 점은 이러한 대립이 다자간 투쟁의 구도로 구성되
어 있다는 것이다. 메인 스토리의 주축을 이루는 대립은 브라더 후드
오브 스틸과 엔클레이브 양자가 만들어내는 가운데, 볼트 거주민과 황
무지인, 레이더(raider)와 이형의 괴물들은 서로 쫓고 쫓기는 관계 속에
서 다자간 투쟁을 벌인다.

이러한 다자간 투쟁은 각 세력의 시각 이미지를 통해 강화된다. 주인
공과 대립하는 타자는 앞서 할리우드 SF 영화에서 제시된 외계인의 두
측면인 **복제인간**과 **살인괴물**의 두 종류로 구분된다. 각 세력 중 볼트 거

---

111) 〈폴아웃3〉는 DLC(DownLoadable Contents)를 제외하고 총 40여 개의 퀘스
트를 지닌다. 이들은 각각 튜토리얼 퀘스트, 메인 퀘스트, 사이드 퀘스트, 마
이너 퀘스트로 나뉘는데, 퀘스트가 벌어지는 일정한 장소와 퀘스트를 주는
캐릭터, 보상, 성취점수가 부여되어 수용자의 게임 플레이를 보조한다.

주민, 황무지인, 레이더, 브라더 후드 오브 스틸, 앤클레이브 등이 인간 중심의 그룹으로 복제인간의 특징을 지닌다면, 이형의 괴물은 전형적인 살인괴물의 시각 이미지를 띤다.

〈폴아웃 3〉 속 이형의 괴물로 데스클로와 센토어(Centaur), 슈퍼뮤턴트를 들 수 있다. 이들 중 데스클로는 두 개의 뿔과 날카로운 손톱이 돋아난 악마의 형상을 띠며, 센토어는 입에 여러 개의 촉수가 돋아난 외계인과 같은 시각 이미지를 지닌다. 그리고 슈퍼뮤턴트는 판타지 장르의 오크와 유사한 형태로, 총과 칼을 막아내는 단단한 녹색의 피부를 지니고 있다. 〈폴아웃 3〉 속 이형의 괴물은 적대자의 직관적인 시각 이미지를 지녀, 플레이어가 이들을 물리치고 게임 속 세계를 모험하는 것에 대한 당위를 제시한다.

이러한 세력 구성원의 시각 이미지는 탈주구조 속 '낙원도피'와 결합한다. 〈폴아웃 3〉의 대립구조 속 시각 이미지는 SF 장르의 관습을 따른 것이지만, 이들이 활동하는 게임 속 가상세계는 '낙원도피'를 상정한 시각 이미지들로 구성되어 있다. 이들의 결합은 〈폴아웃 3〉 고유의 이미지를 형성해 다른 게임과 차별화되는 근거를 제시한다. 1950년대 미국의 옛 모습을 간직한 공간 속에서 『그로그낙 더 바바리안』과 같은 만화책을 읽으며, 방사능으로 모습이 변한 이형의 괴물과 싸우는 일련의 게임 플레이 과정은 〈폴아웃 3〉를 기존의 문화적 요소를 젊은 스타일로 재구축하는 정교한 전술인 브리콜라주(bricolage)의 결과물로 만든다.

4) 통일된 세계관의 설정

《폴아웃 3》와 관련된 통일구조의 유형은 '세계의 통일'이다. 일반적으로 게임 창작자들은 게임 속 세계를 설정하는 데 있어서 적지 않은 공을 들인다. 이는 게임이 지니고 있는 고유한 특성인 상호작용성(interactivity)에 기인한다. 즉, 플레이어가 게임 캐릭터를 직접 조작하므로, 상호작용을 염두에 둔 정교한 세계의 설정은 게임의 품질을 좌우하는 중요한 기준이 된다. 이러한 세계의 설정은 특히 《폴아웃 3》의 모태가 되는 TRPG에서 더욱 강조된다. TRPG는 스토리텔링 행위를 통한 몰입을 중요한 요소로 삼기 때문에, 대화만으로도 게임 속 세계에 빠져들 수 있게 만드는 세밀한 설정을 중시한다. 《폴아웃 3》는 원래 TRPG의 일종인 《겁스》(GURPS)의 CRPG 구현으로 기획되었기 때문에, 다른 게임에 비해 더 많은 세부적인 사항들을 설정할 수 있다.

《폴아웃 3》에서 드러나는 TRPG적인 특징으로는 우선 **능력치의 설정**을 들 수 있다. 이 게임은 스페셜(S.P.E.C.I.A.L.)이라 불리는 고유의 능력치 설정 시스템을 지니고 있다. 스페셜은 각 능력의 머리글자를 딴 것[112]으로, 처음 게임을 시작할 때 일정한 질문에 수용자가 답을 함으로써 부여된다. 각 수치는 게임 속 기본행위인 전투, 식사, 수면, 아이템의 보유량 등에 직접 영향을 미치게 되는데, 이는 TRPG의 전통적인 캐릭터 설정 방식과 일치한다.

다음으로는 게임 진행을 보조하는 **아이템의 설정**을 들 수 있다. 각각

---

112) 이는 힘(Strength), 인지력(Perception), 지구력(Endurance), 매력(Charisma), 지능(Intelligence), 민첩성(Agility), 행운(Luck)을 뜻한다.

의 아이템은 공격력, 회복력, 방어력, 무게, 내구도 등이 수치화되어 있다. 이러한 아이템의 설정은 능력치의 설정과 함께 게임이라는 가상공간에서 일어나는 행위를 한층 더 실감나게 만드는 역할을 한다. 아울러 〈폴아웃 3〉의 아이템은 수리가 가능한데, 이는 앞서 언급한 능력치의 영향을 받아 수리 관련 능력치가 높을 캐릭터가 수리할 시에는 그렇지 않은 캐릭터에 비해 무기의 내구도를 더욱 향상시킬 수 있다.

마지막으로 세밀한 **공간의 설정**을 들 수 있다. 본래 TRPG는 일정한 지도를 그리고, 그 안에서 이동하는 것을 모험의 기본으로 삼는다. 이는 게임의 놀이적 특성에 기인한 것이다. 놀이란 모두 그 자신의 놀이 공간 속에서 움직이는데, 이러한 놀이 공간은 현실상으로나 관념상으로나, 의도적으로나 저절로, 미리 구획된 공간이다.[113) 그리고 그 안에서는 일정한 '게임의 법칙'이 적용된다. 전술한 놀이의 공간적 특징은 〈폴아웃 3〉에서도 마찬가지로 적용된다. 현실 속 미국 동부지역을 기반으로 설정된 이 게임의 공간은 플레이어의 호기심을 자극하여 미처 경험하지 못한 새로운 공간을 발견하도록 이끈다. 이처럼 능력치, 아이템, 공간의 설정은 서로 영향을 미치며 〈폴아웃 3〉의 통일된 세계관을 구성하는 주된 요소가 된다.

■ 소결

지금까지 우리는 게임 〈폴아웃 3〉를 원형적 구조로 분석하고, 각 구조를 통해 도출되는 문화콘텐츠로서의 특징을 살펴보았다. 이를 마무

---

113) J. 호이징하, 『호모 루덴스』, 김윤수 옮김, 까치, 1993, 22쪽.

리하면서 〈폴아웃 3〉 분석을 통해 도출된 의미를 정리하면 다음과 같다. 게임이 다른 문화콘텐츠와 구별되는 특징은 상호작용성을 지니고 있다는 점이다. 수용자가 관찰자로 위치하는 여타의 문화콘텐츠와는 달리, 게임은 수용자가 제시된 환경에 직접 개입해 자신이 원하는 방향으로 게임의 스토리 및 시각 이미지를 일정 부분 바꿀 수 있다. 또한 게임은 PC 및 콘솔을 플랫폼으로 삼는 디지털콘텐츠의 특성을 띤다. 따라서 기존 데이터의 활용이 가능한 후속작 개발에 능동적으로 반응한다. 이는 〈폴아웃 3〉의 경우에 있어서도 마찬가지이다. 〈폴아웃〉 시리즈는 세 편의 외전을 포함해 총 여섯 개의 관련 게임을 보유한 콘텐츠 프랜차이즈이다.[114] 전술한 상호작용성과 디지털콘텐츠의 특성은 세밀한 세계관의 설정에 힘을 쏟는 결과를 낳는다. 따라서 우리는 〈폴아웃 3〉의 분석으로 인해 게임의 고유한 특징은 '세계의 통일'로 인해 발현된다는 점을 확인할 수 있다.

다만 게임 또한 스토리와 시각 이미지를 지니고 있으므로, 앞서 살펴본 영화, 만화, 애니메이션의 경우처럼 수용자에게 일정한 의미를 전달한다. 〈폴아웃 3〉에서 발현되는 의미는 시리즈의 테마라 할 수 있는 "전쟁. 전쟁은 결코 변하지 않는다.(War. War never changes.)"이다.

---

114) 〈폴아웃〉 프랜차이즈에 속하는 게임은 다음과 같다. 〈폴아웃(Fallout, 1997)〉, 〈폴아웃2(Fallout, 1998)〉 〈폴아웃3(Fallout, 2008)〉(이상 정식 시리즈물), 〈폴아웃 택틱스(Fallout Tactics: Brotherhood of Steel, 2001)〉, 〈폴아웃: 브라더후드 오브 스틸(Fallout: Brotherhood of Steel, 2004)〉, 〈폴아웃: 뉴베가스(Fallout: New Vegas, 2010)〉(이상 외전). 이들 중 〈폴아웃2〉와 〈폴아웃: 브라더후드 오브 스틸〉을 제외한 나머지 네 편이 국내에 정식으로 발매되었다.

콘텐츠 프랜차이즈의 시작인 〈폴아웃〉 1편에서부터 가장 최근에 발매된 〈폴아웃 4〉(Fallout 4, 2015)에 이르기까지 지속적으로 게임 속 오프닝에 언급되는 이 대사는 수용자로 하여금 극단적 대립행위인 전쟁이 불러올 참혹한 결말을 상기시킨다. 이러한 〈폴아웃〉 시리즈의 테마를 통해, 우리는 게임의 장르적 특성과 직접 관련을 맺는 원형적 구조가 세계관 설정과 관련된 통일구조라면, 게임의 테마를 형성하는 원형적 구조는 대립구조임을 확인할 수 있다. 기원구조로 발현된 메인 스토리는 대립 끝에 오는 진보를 상정한 것이며, 이는 수용자에게 제시되는 게임의 목적인 '긍정적인 결말의 성취'와 일치한다.

아울러 〈폴아웃 3〉의 메인 스토리가 전통적인 건국신화의 형태를 띠고 있다는 점을 주목할 필요가 있다. 이 게임은 디지털 기술이 주가 되는 문화콘텐츠에서도 여전히 전통적인 줄거리가 유효함을 보여주는 대표적인 사례이다. 따라서 앞서 영화 사례로 살펴본 〈클라우드 아틀라스〉가 영화와 같은 올드미디어에서도 분산된 형태의 디지털 리니어 스토리텔링이 일반화되고 있음을 보여준다면, 〈폴아웃 3〉는 이와 반대로 게임과 같은 뉴미디어에서도 전통적인 스토리와 시각 이미지가 여전히 유효함을 보여주는 사례이다.

분석틀을 활용한 기획 및 제작 전략

분석틀을 활용한 기획 및 제작 전략

지금까지 우리는 '대중의 호응'과 '의미와 가치'를 기준으로 사례가 되는 문화콘텐츠를 선정하고, 이를 분석틀에 대입해 작품 속 스토리와 시각 이미지가 지니는 의미를 살펴보았다. 앞선 사례분석에 실린 예시들은 일부의 대상을 다루지만, 원형이론을 통한 문화콘텐츠 내적 구성요소의 분석이 어떠한 방식으로 이루어져야 하는지 가늠할 수 있는 본보기가 된다. 본 장에서는 이러한 사례분석의 결과물을 중심으로 문화콘텐츠 기획 및 제작 전략을 수립해 보고자 한다.

사례분석의 결과물은 각 원형적 구조의 범주 아래 스토리와 시각 이미지로 나눠진다. 이 구성요소들은 원형의 보편성과 재귀성의 영향을 받아 지역, 시대, 미디어 형태의 구애를 받지 않는 일정한 특징을 보인다. 이때 일정한 특징이란 수용자가 선호하여 다수의 문화콘텐츠에서 발견되는 스토리와 시각 이미지를 뜻한다. 이를 본 책에서는 '기획 및 제작의 주안점'으로 칭한다. 그리고 이 주안점들은 문화콘텐츠 속에서 서로 결합하여 그 모습을 드러내는 경우가 많다. 이러한 결합이 스토리의 경우에는 기·승·전·결의 흐름을 만들어내고, 시각 이미지의 경우에는 특정한 트렌드를 형성한다. 이렇게 형성된 스토리의 흐름과 시각 이미지의 트렌드는 문화콘텐츠 '기획 및 제작의 실질적인 활용 방안'이 된다.

아울러 전략과 활용 방안을 다시금 원형적 구조 아래 정리하면, 어떠한 구조에 속하는 스토리와 시각 이미지가 수용자의 공감대와 흥미 형성에 관여하는지 확인할 수 있다. 이 내용이 바로 '구성요소를 통한 공감대와 흥미 확보의 기준'이 된다. 이처럼 분석을 통한 문화콘텐츠 기획 및 제작 전략은 향후 원형이론을 기반으로 문화콘텐츠의 스토리와 시각 이미지를 구성할 때, 어떠한 사항을 염두에 두어야 하는지를 정리한 것이다. 그리고 본 장의 말미에는 원형적 구조가 지닌 이점과 보완할 점을 살펴볼 것인데 이는 이 책이 제시한 분석틀로서의 원형적 구조가 지닌 장·단점을 정리해 전략적인 측면을 보강하는 의미를 지닌다.

■1. 스토리 구성의 전략

스토리 구성의 전략은 크게 '부모의 부재', '불완전한 영웅', '선형적 진보에 대한 선택', '스토리와 세계관의 안정'으로 나눠진다. 이들은 기·승·전·결의 스토리 전개와 관련을 맺고 있다. 일찍이 블라디미르 프로프(Владимир Пропп)가 언급한 바와 같이 "사건의 배열 순서에는 나름대로의 일정한 규칙이 있다."[115] 따라서 스토리 구성의 전략과 관련된 항목은 문화콘텐츠가 서로 다른 미디어 형태를 띠고 있음에도 불구하고 자주 확인되는 사건들이며, 이는 수용자가 선호하는 스토리의 구성요소라고 볼 수 있다. 각 전략의 내용을 살펴보면 다음과 같다.

우선 '부모의 부재'는 스토리의 시작 부분에서 두드러지는 특징이다. 이는 부재의 대상이 아버지인가 혹은 어머니인가에 따라서 달라진다. 부친의 부재가 '공동체 기원찾기'의 특징을 보이며 긍정적인 가치를 이끌어낸다면, 모친의 부재는 스토리를 파국으로 몰고 가는 특징을 지닌다.

---

115) V. 프로프, 『민담형태론』, 유영대 옮김, 새문사, 1987, 34쪽.

그리고 '부모의 부재'로 시작된 스토리는 이후 주인공의 행위를 통해 본격적으로 전개된다. 이때 우리는 주인공이 '불완전한 영웅'의 역할을 수행하는 것을 볼 수 있다. 주인공의 영웅적 행위는 수용자의 기대감을 충족하면서도, 그의 불완전함은 예측하지 못한 상황을 만들어 스토리에 긴장감을 부여한다.

'불완전한 영웅'이 촉발한 긴장 상황은 대립구조를 거치며 갈림길을 맞이하게 된다. 이는 곧 '선형적 진보에 대한 선택'을 통해 맞이하게 될 결말의 전초전이다. 스토리 속 대립행위가 긍정적인 결말에 대한 여지를 남겨둘 경우 불완전한 영웅의 행위는 구세주적인 것으로 귀결되지만, 그렇지 않을 경우 병적인 영웅의 것으로 남게 된다.

극적인 대립으로 절정을 맞이한 스토리는 통일구조 아래 안정된다. 이는 수용자가 납득할 수 있는 결말을 제시함과 동시에 해당 스토리가 반복되어 새로운 문화콘텐츠에 사용될 수 있는 근거를 마련한다. 이러한 전략의 주안점들을 정리하면 다음의 표와 같다.

표 5.1. 원형적 구조에 따른 스토리 구성 전략

구조명	전략의 주안점	특징
기원구조	부모의 부재	부친 또는 모친의 부재에 따른 스토리의 시작
탈주구조	불완전한 영웅	스토리 전개에 있어서 주인공은 구세주적 또는 병적인 영웅적 행위를 취하게 됨
대립구조	선형적 진보에 대한 선택	대립이 선형적 진보에 따른 결말을 긍정하는가의 여부에 따라 결말이 달라짐
통일구조	스토리와 세계관의 안정	수용자가 납득하는 형태의 결말을 제시하는 스토리와 세계관의 안정화

스토리 구성 전략의 주안점들을 기준으로 우리는 기획 및 제작의 표준이 되는 문화콘텐츠 스토리의 흐름을 작성해 볼 수 있을 것이다. 최초 스토리의 시작이 '부모의 부재'라면 그것이 아버지인가 혹은 어머니인가에 따라서 주인공의 행위는 분화된다. 한편으로 스토리의 절정을 구성하는 대립은 긍정적인 미래를 지향하는가에 따라서 다른 결말을 불러온다.

전술한 스토리 흐름의 분화를 만들어내는 지점을 모아 정리한 것이 활용을 위한 스토리의 두 흐름이다. 스토리의 흐름을 정리함으로써 우리는 지역과 시대 그리고 미디어 형태를 넘나드는 수용자가 선호하는 문화콘텐츠 스토리의 요체를 확인할 수 있다. 다만 본 절의 예시가 모든 문화콘텐츠에 예외 없이 적용된다고 보긴 어려우므로, 이와 관련된 내용은 수용자가 선호하는 스토리의 활용 방안을 제시한 정도로 이해되어야 할 것이다.

1) 스토리 전략의 주안점

■ 부모의 부재

기원구조를 중심으로 한 스토리 구성 전략에서 먼저 언급할 부분은 스토리가 시작되는 방식에 관한 것이다. 기원구조의 유형에 속하는 '개인 기원찾기'와 '공동체 기원찾기'는 모두 자신의 기원을 찾는 행위와 연관되어 있다. 따라서 개인 혹은 공동체의 기원에 대한 고민은 스토리의 시작 지점을 점하게 된다. 제4장에서 살펴본 사례 중 〈폴아웃 3〉의 스토리는 실종된 아버지를 찾는 주인공의 개인적인 목표에 의해 시작된다. 그러나 스토리가 전개되면서 주인공은 아버지가 공동체의 재건 행위를 수행하고 있었다는 사실을 알게 되고, 주인공은 아버지의 유지를 이어 건국영웅적인 행위를 수행하게 된다. 따라서 캠벨이 영웅의 모험을 예로 들어 설명한 소명, 입문, 시련 귀환의 과정과 관련된 원질신화적 스토리는 오늘날 문화콘텐츠의 스토리 구성에 있어서도 여전히 유효하다 하겠다.

여기서 우리는 개인에서 '공동체 기원찾기' 형태로 전개되는 스토리가 부친의 부재에서 시작된다는 사실에 주목할 필요가 있다. 이는 〈폴아웃 3〉 분석을 통해서도 확인 가능한 것이지만, 이와 반대되는 경우인 모친의 부재에서 시작되는 문화콘텐츠를 살펴보면 상호 간의 대비를 통해 더욱 분명히 알 수 있다. 모친의 부재와 관련된 문화콘텐츠는 앞서 제4장에서 분석한 『공포의 외인구단』이다. 주인공인 오혜성은 어머니가 없는 가정에서 자랐다. 그는 자신과 동년배인 최엄지를 어머니와 같은 인물로 여기고 집착한다. 최엄지를 둘러싼 오혜성과 주변인물의 갈등은 『공포의 외인구단』 스토리의 중요한 중심축이 된다.

동일한 부모의 부재에서 출발한 것이지만, 모친의 부재는 부친의 부재와는 다른 결과를 도출해낸다. 『공포의 외인구단』의 스토리는 공동체의 아버지인 손병호 감독의 죽음으로 절정을 맞는다. 앞서 분석결과에서도 알 수 있듯이, 그의 죽음은 모친 부재에 따른 파괴적인 리비도의 표출이다. 이는 동일한 '개인 기원찾기'로 출발했음에도 불구하고, '공동체 기원찾기'라는 발전적인 전개를 이끌어낸 부친의 부재와 대립되는 것이다.

기원구조 아래 스토리 구성 전략을 정리하면 다음과 같다. 보편적인 문화콘텐츠 스토리의 전개는 기원구조를 그 시작점으로 삼으며, 개인이 내적 기원에 대해 고민하는 사건은 '부모의 부재'로 시작되는 경우가 많다. 그러나 부재의 대상이 아버지인가 어머니인가에 따라서 전개 양상은 달라진다. 아버지의 경우 그의 부재를 되짚는 주인공의 행위가 공동체의 목표의식에 닿게 되는 반면에, 어머니의 경우 모친 부재의 콤플렉스를 자극해 주인공의 행위는 공동체를 해치는 형태로 전개된다. 따라서 최초 스토리 구성에 있어서 기원구조를 염두에 둘 경우, 그 부재의 대상이 누구인가에 따라서 이후 전개방식이 달라질 수 있음을 염두에 두어야 한다.

■ 불완전한 영웅

탈주구조적 스토리에 있어서 언급할 것은 이 구조가 오늘날 문화콘텐츠에서 '불완전한 영웅'이 범람하는 이유를 설명해준다는 것이다. 신화 속 건국영웅과 대비되는 '불완전한 영웅'은 그 능력과는 무관하게 내적인 불안감을 안고 있다. 이는 스토리에 흥미를 부가하여 그 내용의 전개를 수용자가 예측하지 못한 방향으로 끌고 간다. 『공포의 외인구단』속 오혜성은 전승우승이라는 스토리 속 목표를 망가뜨려, 독자의 기대감을 배반하는 전개를 이끌어낸다. 그리고 〈돼지의 왕〉의 김철은 아예 피해자가 되어 비참한 죽음을 맞이한다. 이러한 전형적인 흐름을 방해하는 '불완전한 영웅'의 행위는 스토리 전개에 있어서 변칙적인 사건을 제공하여, 수용자의 흥미를 자극해 새로운 문화콘텐츠가 끊임없이 만들어질 수 있는 근거가 된다.

스토리의 세부적인 내용을 수용자가 결정할 수 있는 상호작용성을 지닌 문화콘텐츠의 경우라면, 이러한 '불완전한 영웅'의 활약은 분화된다. 〈폴아웃 3〉의 경우 메인 스토리는 기원구조의 건국신화 형태를 띠고 있으나 서브 스토리는 탈주구조적인 내용을 담아, 공동체에 긍정적인 전개와 부정적인 전개 모두를 갖추고 있다. 따라서 〈폴아웃 3〉는 게임이 제시하는 메인 스토리 자체를 거부하는 플레이어의 경우 가상세계 안에서 악명 높은 영웅으로 활약할 수 있는 여지를 준다. 이를 통해 우리는 이 게임의 제작자들이 전통적인 건국신화적 스토리의 가치를 인정하면서도, '불완전한 영웅'을 선호하는 수용자도 포섭하려는 의도가 있음을 알 수 있다.

따라서 문화콘텐츠의 스토리가 전형적인 상승지향의 영웅을 다룬다고 해도 이에 대한 선택권을 부여하는 것이 가능한 문화콘텐츠의 경우, 주인공이 '불완전한 영웅'이 될 수 있는 여지를 남겨두는 전략을 써야 한다. 다만 제작기간이 길고 투자비용이 커서 다양한 대중을 포섭할 필요가 있는 영화·애니메이션·게임 등의 사정을 고려할 때 주인공을 '불완전한 영웅'으로 만드는 것이 반드시 필요한지, 필요하다면 어느 정도의 수준으로 구현할 것인지에 대해서는 고민할 필요가 있다.

■ 선형적 진보에 대한 선택

대립구조 기반의 스토리 구성에서는 선형적 진보에 대한 믿음을 남겨둘 것인가 그렇지 않을 것인가의 문제를 고민할 필요가 있다. 이는 기획자가 어떠한 선택을 하느냐에 따라 스토리의 결말이 달라짐을 의미한다. 대립행위 이후의 선형적 진보를 인정할 경우, 스토리는 더 나은 미래를 보여주는 것으로 귀결된다. 그리고 이러한 결말은 캐릭터의 구세주적 행위를 강화하는 형태를 띠게 되는데, 〈클라우드 아틀라스〉의 pt.⑤가 이에 대한 예이다. pt.⑤의 주인공인 손미는 순교를 통해 자신의 의지를 전파하는데, 그 결과 사회의 안정을 가져오는 종교가 형성되었음을 후일담인 pt.⑥에서 확인할 수 있다. 따라서 대립행위가 선형적 진보에 대한 여지를 남겨둘 경우, 탈주구조의 구세주적 상징이 발현되는 경우가 잦음을 알 수 있다.

한편 선형적 진보에 대한 여지를 남겨두지 않을 경우 스토리는 고통의 반복을 제시하는 것으로 변모한다. 〈돼지의 왕〉에서 두 주역은 비극적 상황의 반복을 통해 고통스러운 과거와 다시 만나게 된다. 이러한 결말은 대립행위가 현재의 기원을 호명하여 통일구조의 '원점 회귀'로 귀결된 것이다. 이는 문화콘텐츠의 문제의식을 강화하는 효과가 있지만, 캐릭터에 대한 감정이입으로 인해 수용자가 부정적인 반응을 보일 수도 있으니 이에 유념해야 한다.

■ 스토리와 세계관의 안정

통일구조의 기본적인 기능은 안정된 스토리를 구성하는 것에 있다. 이는 앞서 기원구조에서 시작된 문화콘텐츠의 스토리가 주어진 조건에 대한 캐릭터의 수동적 혹은 능동적인 대응을 거쳐, 개인 혹은 공동체의 대립행위를 넘어 일정한 결말에 도달하는 과정과 관계를 맺는다. 스토리의 안정감은 수용자가 납득할 수 있는 결말을 부여하는 것으로 가능하다. 이는 세밀한 세계관의 설정을 필요로 한다. 캐릭터, 배경, 그리고 그들이 활용하는 사물에 대한 설정은 이러한 결말의 부여에 중요한 역할을 한다. 따라서 한편의 완결된 문화콘텐츠는 수용자가 그 안에서 상상의 나래를 펼칠 수 있는 '갖춰진 세계'를 제시할 필요가 있다.

아울러 세계관의 설정은 OSMU에 직접 관여한다. 다른 미디어로의 OSMU는 필연적으로 스토리와 시각 이미지의 변모를 수반한다. 이러한 변모에 유연하게 대처하기 위해서는 세계관을 세밀하게 설정해야 한다. 특히 세계관의 설정이 중요하게 취급되는 문화콘텐츠는 게임이다. 게임은 디지털 데이터를 기반으로 만들어지기 때문에 다른 문화콘텐츠로의 부차적인 활용이 용이한 장르이다. 따라서 통일된 세계관의 설정은 다수의 타이틀로 구성된 게임 프랜차이즈 형성에 있어서 필수적인 요소가 된다. 아울러 게임이 가상세계를 배경으로 함을 유념할 필요가 있다. 수용자에게 게임 플레이의 당위를 부여하기 위해서는 있음직한 가상세계를 형성해야 한다. 따라서 OSMU의 용이함과 수용자의 몰입을 보조하기 위해서 게임 속 세계관의 설정은 한층 더 세밀해질 필요가 있다.

2) 활용을 위한 스토리의 두 흐름

앞서 살펴본 스토리 구성 전략의 주안점을 통해 우리는 수용자가 선호하는 문화콘텐츠 스토리의 일정한 흐름을 제시할 수 있다. 기원구조 속 부모의 부재로 시작된 스토리는 두 개의 대표성을 띤 형태로 분화된다. 이를 도표로 정리한 것이 다음의 표이다.

표 5.2. 스토리의 두 흐름

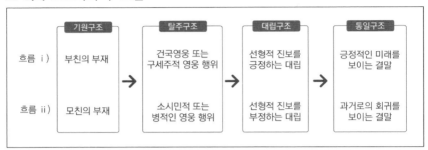

이들 중 흐름 i)은 부친의 부재를 경험한 주인공이 건국영웅 또는 구세주적 영웅의 행위를 통해 선형적인 진보를 이끌어내는 것이다. 이러한 흐름은 전통적인 영웅신화의 스토리를 따른 것으로 사례분석의 〈클라우드 아틀라스〉 pt.③나 〈폴아웃 3〉가 이에 대한 대표적인 예이다. 흐름 i)에서 부친의 부재는 스토리 진행의 동기를 만들어낼 뿐만 아니라, 내용 전개에 따라서 그가 지니고 있던 목적의식이 주인공에게 전달됨으로써 '개인 기원찾기'에서 '공동체 기원찾기'로 문화콘텐츠의 의미를 확장하는 데 도움을 준다.

반면 흐름 ii)에서 모친의 부재는 소시민적인 또는 병적인 영웅행위를 낳아, 주인공이 되는 캐릭터가 '개인 기원찾기'에서 쉽사리 벗어나지 못하도록 만든다. 이는 '원점회귀'의 결말과 직접 연결되는 것이다. 이에 대한 대표적인 예로 『공포의 외인구단』을 들 수 있다. 이 만화에서 주인공 오혜성이 대립의 절정부에 자기파멸적 행위를 수행하는 것은 모친 부재와 직접적인 관련을 맺고 있으며, 이는 '원점회귀'적인 결말을 야기한다.

이처럼 각 스토리의 흐름은 원형적 구조 속 유형과 결합한다. 흐름 i)이 '개인 기원찾기'와 '공동체 기원찾기', '영웅행위', '대립과 진보', '세계의 통일' 유형과 결합한다면 흐름 ii)는 '개인 기원찾기', '영웅행위', '타자인식', '원점순환' 유형과 결합한다. 두 흐름의 차이는 대립과 이에 연계된 결말의 형태에서 두드러지며, 이는 부재의 대상이 다름에 기인한 것이다.

보편적인 스토리의 흐름은 앞서 언급한 바와 같이 지역과 시대 그리고 미디어 형태의 구애를 받지 않는다. 다만 원형이 지니고 있는 역동성에 의해 각 구조에 속하는 요소들이 서로 뒤바뀌는 경우가 존재한다. 일례로 선라이즈의 애니메이션 〈마동왕 그랑조트〉(魔動王グランゾート, 1989)는 흐름 i)을 따르지만, 주인공 다이치가 모험을 시작하는 원인은 모친 부재 때문이다. 물론 이 경우에 모친의 부재가 스토리 내에서 직접적으로 다루어지지는 않는다는 점에서 흐름 ii)에 해당하는 다른 문화콘텐츠의 스토리와는 차이를 보인다.

한편 부친의 부재에도 불구하고 과거로의 회귀를 보이는 스토리도 존재한다. 이 경우에는 앞서 제3장에서 살펴본 블리자드의 게임처럼 타락행위가 중요한 역할을 한다. 그러나 타락이 중요한 행위로 작용하는 경우에도 수용자가 주로 접하는 메인 스토리는 흐름 i)을 크게 벗어나지 않는데, 이는 '개인 기원찾기'에서 수반된 타락행위가 수용자인 게임 플레이어 본인의 행동으로 비춰졌을 때 야기할 불쾌감을 기획자가 회피하려 했기 때문으로 여겨진다. 따라서 문화콘텐츠 속 스토리의 두 흐름은 비록 예외적인 경우가 존재하지만 수용자의 선호로 인해 지속적으로 발견되는 보편성을 지니는 스토리 모델이라 하겠다.

■2. 시각 이미지 구성의 전략

시각 이미지의 구성 전략은 선형적인 인과순서에 따른 스토리의 구성전략과 차이를 보인다. 이는 시각 이미지가 스토리를 보조하는 것에 그치지 않고, 캐릭터의 외양을 결정할 뿐만 아니라, 문화콘텐츠 전체의 분위기를 조성하는 역할을 수행하기 때문이다. 따라서 각 원형적 구조에 속하는 시각 이미지의 전략은 스토리의 그것과 직접 연관되는 것이기도 하지만, 독자적으로 자신의 모습을 드러내 보이기도 한다. 따라서 시각 이미지는 해당 문화콘텐츠의 기법이나 문제의식에 영향을 받는 것으로 보아야 한다.

시각 이미지 구성 전략의 주안점은 '자기 성찰의 구현', '패러디와 오마주', '공동체 간 대립', '시각 이미지와 세계관의 순환'으로 나뉜다.

이들 중 '자기 성찰의 구현'은 문화콘텐츠 속 행위 주체인 캐릭터가 자신이 속한 공동체 내에서 지위 구현을 어떤 시각 이미지로 하는지에 초점을 맞춘다. 선한 자와 악한 자, 강한 자와 약한 자는 각기 자신의 속성에 맞는 시각 이미지를 띤다. 이러한 캐릭터의 시각 이미지는 단순히 주역이 되는 캐릭터 하나의 표현으로만 존재하는 것이 아니라, 다른 구성원들의 시각 이미지와 조화 또는 대비를 이루면서 하나의 재현으로 자리매김한다.

그리고 '패러디와 오마주'는 탈주구조 속 '낙원도피' 유형의 특징에 힘입은 것으로, 수용자가 익숙한 외부 텍스트의 시각 이미지를 조명하여 공감대와 흥미를 불러일으키는 역할을 한다. 아울러 이 전략이 기획자의 문제의식과 결합할 경우 문화콘텐츠의 인상을 강화하는 효과를 낳는다.

한편 '공동체 간 대립'은 집단과 집단의 충돌을 시각 이미지로 구현해 문화콘텐츠가 단조롭게 비춰질 위험을 차단하는 역할을 한다. 이는 인간의 형태를 한 캐릭터에 국한되지 않고 다양한 형태를 띤 캐릭터 집단의 예에 동등하게 적용된다.

마지막으로 '시각 이미지와 세계관의 순환'은 적용 대상이 하나의 문화콘텐츠인가 혹은 다수의 문화콘텐츠를 포함한 콘텐츠 프랜차이즈인가에 따라서 그 성격이 달라진다. 하나의 문화콘텐츠로 전략의 적용범위를 제한할 경우, 이 전략은 시각 이미지의 반복을 통한 '특정한 상황의 제시'를 통하여 스토리의 원점회귀를 강화하는 역할을 한다. 반면에 이 전략이 콘텐츠 프랜차이즈에 적용될 경우, 동시대성의 반영이라는 지점과 연계되어 리부트에 핵심적인 역할을 하게 된다.

표 5.3. 원형적 구조에 따른 시각 이미지 구성 전략

구조명	전략의 주안점	특징
기원구조	자기 성찰의 구현	공동체 속 캐릭터의 지위를 나타냄
탈주구조	패러디와 오마주	수용자가 익숙한 외부 텍스트의 시각 이미지를 호명
대립구조	공동체 간 대립	집단 간 충돌을 시각 이미지로 구현
통일구조	시각 이미지와 세계관의 순환	'원점 회귀'의 강화 또는 콘텐츠 프랜차이즈에 동시대성 부여

이러한 시각 이미지 구성 전략의 주안점을 바탕으로 우리는 각 전략이 서로 어떻게 연계되는지를 살펴볼 수 있다. 일례로 '패러디와 오마주'는 시각 이미지와 세계관의 순환과 결합하여 새로운 문화콘텐츠 기획 및 제작에 일조한다. 한편 '자기 성찰의 구현'은 '공동체 간 대립'과 연계되는데 이는 두 전략 모두가 시각 이미지의 배경이 되는 사건으로 집단 간 충돌을 상정하고 있기 때문이다. 따라서 우리는 각 전략이 연계되는 방안을 중심으로 활용을 위한 시각 이미지의 두 경향을 제시할 수 있다. 이 경향은 수용자가 선호하는 시각 이미지가 어떠한 원형적 구조의 특성 간 결합물인지를 보이는 것으로, 선형적인 흐름의 두 유형으로 제시된 스토리의 경우와 달리 독립된 활용안의 형태를 띤다.

1) 시각 이미지 전략의 주안점

■ 자기 성찰의 구현

기원구조 내에서 시각 이미지 구성의 시작점으로 삼을 수 있는 것은 자기 성찰과 이에 따른 결과이다. 여기서의 자기 성찰은 주역이 되는 캐릭터가 공동체 내에서 어떤 존재인지를 상기시키는 것이다. 이는 여러 결과를 불러오는데, 동료와의 유대감을 표현하는 시각 이미지가 있는 반면에, 성찰에 따른 구성원에 대한 분노와 대립을 고조해 주인공이 파멸에 이르렀음을 보여주는 시각 이미지 또한 존재한다. 본 책은 후자의 경우에 주목했는데, 이에 대한 예가 바로 애니메이션 〈돼지의 왕〉이다.

〈돼지의 왕〉의 등장인물인 정종철, 황정민, 김철은 모두 어두운 개인사를 지닌 인물이다. 이들은 자신이 처한 상황에 분노하며 이를 더 나은 방향으로 개선시키기를 원한다. 그러나 이들의 바람은 수포로 돌아가는데, 이는 문화콘텐츠 속 등장인물의 타락행위 때문이다. 〈돼지의 왕〉은 황정민이 자신의 아내를 죽이면서 시작된다. 그리고 그는 이러한 잘못된 현재의 결과가 과거에 기원을 두고 있으며, 그 책임을 정종철과 김철에게 묻는다. 이는 정종철이 자신에게 짐 지워진 현실이 가혹한 이유가 김철의 구세주적 행위에 동조한 것에 있다고 보았기 때문이다.

이 애니메이션에서 병적인 영웅의 시각 이미지를 보이는 것은 김철 한 명뿐이다. 그러나 실질적으로 내용을 전개하는 것은 정종철과 황정민의 두 캐릭터이다. 이들은 공동체 속에서 자신의 지위를 회복하고자 노력했지만, 그 결과는 세 명의 등장인물 모두가 바라지 않은 것이었다. 우리는 공동체 속에서 개인의 기원을 찾는 성찰행위가 살인의 시각 이미지로 귀결되는 예를 〈돼지의 왕〉을 통해서 보게 된다. 따라서 문화콘텐츠의 시각 이미지 구성에 있어서 '개인 기원찾기'를 반영하는 경우, 그 전개가 공동체 속에서의 지위 찾기로 전개될 수 있음을 염두에 두어야 한다. 이 책에서 주목한 타락은 이 지위 찾기의 결말이 부정적인 방향으로 표출된 것인데, 이는 기원구조와 탈주구조 속 '영웅행위'의 결합에 따른 결과이다.

■ 패러디와 오마주

앞서 제4장에서 살펴본 문화콘텐츠 분석을 통해 우리는 내적 구성요소가 품고 있는 다수의 패러디와 오마주를 발견할 수 있다. 〈클라우드 아틀라스〉에서 발견되는 영화 〈매트릭스〉와 〈소일렌트 그린〉의 패러디, 〈폴아웃 3〉의 1950년대 미국 대중문화에 대한 오마주가 바로 그 예이다. 이러한 패러디와 오마주는 탈주구조의 유형 중 하나인 낙원도피의 노스탤지어 추구에서 유래된 것이다. 낙원도피는 등장인물의 주어진 조건에 대한 수동적인 반응을 상정하므로, 그 특징이 시각 이미지 속에서 과거에 대한 탐닉의 형태로 나타나기 쉽다.

다만 이러한 패러디와 오마주가 어떠한 역할을 하는지에 대해서는 고민해 볼 필요가 있다. 일반적으로 최신의 문화콘텐츠가 과거의 문화콘텐츠에 대해 언급하는 경우, 최초의 목적은 '공감대 확보'로 볼 수 있다. 즉 수용자가 익숙한 과거의 시각 이미지를 호명함으로써 새로운 문화콘텐츠에 대한 낯설음을 줄이는 것이다. 그러나 패러디와 오마주가 시각 이미지에서 활용되는 경우, 그 역할은 공감대 확보에 국한되지 않는다. 오히려 이들은 문화콘텐츠 속 테마를 강화하는 요소가 될 수 있다.

이는 〈클라우드 아틀라스〉와 〈폴아웃 3〉의 경우에도 확인 가능하다. 〈클라우드 아틀라스〉에서 〈매트릭스〉의 인간 공장 시각 이미지를 삽입한 것은 해당 파트의 주인공인 손미가 구세주적 역할을 할 수 있는 계기를 마련하기 위한 것이었다. 그리고 〈클라우드 아틀라스〉가 〈소일렌트 그린〉의 시각 이미지를 활용한 것은 시스템의 폐해에 따른 사회적 퇴보(social degeneration)[116]를 지적하는 문제의식을 두 영화가 공

---

116) M. Dipaolo, *War, Politics and Superheroes: Ethics and Propaganda In Comics and Film*, McFarland, 2011, 251쪽 참조.

유하기 때문이다. 따라서 문화콘텐츠 속 패러디와 오마주는 공감대의 확보뿐만 아니라 문제의식의 강화에도 효과적인 기법이다.

한편, 패러디와 오마주의 시각 이미지 활용이 새로운 흥미를 자아내는 요소가 되기도 한다. 이는 〈폴아웃 3〉가 제시하는 '미래세계 속 낯선 과거의 모습'으로 확인할 수 있다. 다만 이러한 브리콜라주는 서로 불협화음을 일으켜 수용자의 거부감을 불러일으킬 수 있으므로, 그 활용에 각별히 주의해야 한다.

■ 공동체 간 대립

대립구조를 중심으로 한 시각 이미지 구성 전략에서 염두에 두어야 할 점은 대립구조의 역할에 관한 것이다. 시각 이미지상 대립은 내용의 전개에 필연적인 '갈등'을 고조시키는 데 초점이 맞춰져 있다. 〈클라우드 아틀라스〉의 pt.④에서 보이는 형제의 배신, 『공포의 외인구단』에서 보여준 라이벌의 아내가 된 옛 연인, 〈돼지의 왕〉에서의 동료간 살해행위와 관련된 시각 이미지는 아이러니한 상황을 만드는 데 일조해 문화콘텐츠 내에 긴장감을 조성하는 역할을 한다.

본 책은 이러한 대립의 양상에 대해 초점을 맞추고자 한다. 우리가 문화콘텐츠 속에서 발견하는 대립은 주체의 규모에 따라서 다양한 모습을 띠게 된다. 이들 중 자주 발견되는 형태는 바로 '공동체 간 대립'이다. 사례분석에서 다룬 각 문화콘텐츠는 서로 다른 사건을 다루면서도, 대립의 양상에 있어서는 집단과 집단의 충돌을 기본적인 전제로 삼고 있다. 이러한 '공동체 간 대립'은 행위의 주체가 되는 캐릭터의 수를 늘

림과 동시에, 시각 이미지가 전개되는 방향을 복잡하게 만들어 단편적
인 내용으로 흐를 위험성을 막는다. 따라서 문화콘텐츠 속 시각 이미지
의 대립은 기본적으로 '공동체 간 대립'의 형태를 띠게 된다.

이처럼 시각 이미지의 대립이 '공동체 간 대립'으로 흐를 경우 특징적
인 모습을 보이게 된다. 〈폴아웃 3〉의 예처럼 대립은 각 공동체의 목적
의식 아래에서 생성된다. 이들은 때로는 협력하고 때로는 적대시하면
서 공동체의 목적을 고취해 나아간다. 주목할 점은 이러한 문화콘텐츠
속 공동체가 반드시 인간 캐릭터 중심으로 형성되지는 않는다는 것이
다. 〈클라우드 아틀라스〉의 pt.⑤는 경직된 외모의 복제인간간의 유대
의식을 다루고 있다. 그리고 〈폴아웃 3〉는 방사능에 오염된 괴물들끼
리는 서로 공격하지 않는다는 법칙을 지니고 있다. 따라서 스토리에 갈
등을 고조시키는 대립행위를 상정한 경우 행위 주체는 공동체를 이루
되, 이들의 시각 이미지는 다양한 형태를 띨 수 있음을 염두에 두어야
한다.

■ 시각 이미지와 세계의 순환

시각 이미지의 순환은 통일구조 속 원점회귀 유형과 연관을 맺으며,
이는 문화콘텐츠의 문제의식을 강화하는 효과를 지닌다. 세계의 순환은
앞서 살펴본 탈주구조의 스토리 전략에서 대립행위에 더 나은 미래의
여지를 남겨두지 않을 때 발현된다. 따라서 시각 이미지의 순환은 대립
구조와 통일구조가 결합하는 지점에 위치한다. 아울러 문화콘텐츠의 리
부트나 리메이크를 수행하는 경우, 시각 이미지는 다시금 그려지게 된

다. 이때 시각 이미지의 재탄생에 관여하는 것은 동시대적인 환경이다.

　과거에 이미 선보인 시각 이미지임에도 불구하고 수용자가 흥미를 갖게 하려면, 동시대적인 환경을 고려해 과거의 요소를 재활용하는 것이 필요하다. 이는 시간적인 또는 공간적인 배경을 바꾸거나 캐릭터를 현대적인 인물로 다시 그려내는 것으로 해결할 수 있으며 세계관의 순환에도 직접적인 영향을 미친다. 이러한 시각 이미지의 순환은 원형 스토리의 문화콘텐츠화와도 관련이 깊다. 일례로 신데렐라형 스토리가 오늘날에도 끊임없이 활용되는 것은 다양한 장르의 외피를 씌워도 수용자의 관심을 지속적으로 생성시킬 수 있는 유연함을 가지고 있기 때문이다. 이 유연함은 스토리의 보편성과 재귀성에서 발현된 것이지만, 시대상황을 반영하는 역동적인 시각 이미지의 변화 또한 필요하다. 따라서 통일구조를 중심에 둔 시각 이미지 구성전략에서는 이러한 '시각 이미지와 세계의 순환'을 염두에 두어야 한다.

2) 활용을 위한 시각 이미지의 두 경향

　앞서 언급한 시각 이미지 구성 전략의 주안점을 통해 우리는 수용자가 선호하는 문화콘텐츠 시각 이미지의 일정한 경향을 제시할 수 있다. 기원구조 속 '자기 성찰의 구현'은 집단의 시각적 외형을 규정해준다. 이는 집단 간 충돌의 시각 이미지 구현의 모태가 된다.

　한편 '패러디와 오마주'의 시각 이미지는 통일구조 속 원점회귀의 유형과 결합하며, 이는 동시대성을 고려한 새로운 문화콘텐츠의 제작에 도움을 준다. 이상의 내용을 도표로 정리한 것이 다음의 표이다.

표 5.4. 시각 이미지의 두 경향

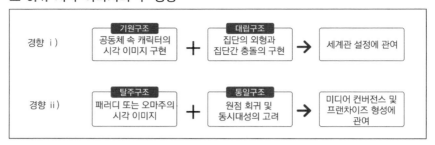

이들 중 경향 i)은 캐릭터의 시각적 구현과 관련된 것으로, 개인의 내적기원을 찾는 캐릭터 외형과 그가 속해있는 공동체의 외형이 서로 연계되어 있음을 보여준다. 이에 대한 예시로는 앞서 제4장에서 살펴보았던 〈돼지의 왕〉을 들 수 있다. 〈돼지의 왕〉의 주인공 정종철은 공동체 내에서 자신의 지위가 낮음을 인식하고 스스로를 돼지로 규정한다. 따라서 그와 그의 동료는 돼지의 시각 이미지를 지니고 있다. 반면에 정종철을 괴롭히는 공동체는 개의 시각 이미지를 띠는데 이는 먹히는 자와 먹는 자, 괴롭힘 당하는 자와 괴롭히는 자의 관계를 상징적으로 보여주는 역할을 한다.

따라서 경향 i)의 경우 공동체를 대표하는 시각 이미지로 무엇을 설정할 것인지에 대한 고민이 중시된다. 일례로 〈트랜스포머〉 시리즈에서 선역을 맡는 집단인 오토봇은 민수용 자동차의 시각 이미지를 차용하였으며, 악역을 맡는 집단인 디셉티콘은 군용무기를 본뜬 형상을 지니고 있다. 이에 따라서 오토봇의 리더인 옵티머스 프라임은 트레일러로 변하며, 디셉티콘의 리더인 메가트론은 권총으로 변한다. 이처럼 집단 간 충돌의 시각적 구현은 집단을 대표하는 시각 이미지에 힘입어 '직관적인 대립'을 수용자에게 전달한다. 그리고 이러한 공동체의 시각 이미지 구현 아래 각 공동체에 속한 캐릭터의 외형 또한 결정된다. 한편 경향 ii)는 '패러디와 오마주'의 '원점회귀'를 다룬 것으로, 그 초점은 콘텐츠 프랜차이즈에 맞춰져 있다. 콘텐츠 프랜차이즈 아래 다양한 문화콘텐츠들은 서로 미디어 형태를 달리하는 경우가 많다. 이들은 영화·만화·애니메이션·게임 등 성공의 발판을 마련한 특정 원작을 기반으로 삼아 프랜차이즈를 전개한다. 그러나 현실적인 여건상 기획 및 제작의 시기나 해당 작업이 진행된 지역에 따라서 일정한 차이를 보일 수밖에 없다. 따라서 수용자에게 원작이 되는 문화콘텐츠를 상기시키되 지역성과 시대적 상황의 차이를 반영한 시각 이미지의 유연한 변화가 요구된다.

지역성의 차이를 반영한 경향 ii)의 예시로 미국에서 제작된 원작의 특성을 받아들이되 일본의 지역성을 가미하여 새롭게 그려진 애니메이션 〈싸워라! 초 로봇생명체 트랜스포머 빅토리〉(戦え!超ロボット生命体トランスフォーマーV, 1989)나 〈나왔습니다! 파워퍼프걸Z!〉(出ましたっ!パワパフガールズZ, 2006)를 들 수 있다. 이 두 편의 애니메이션은 주역이 되는 캐릭터를 일본 애니메이션 스타일로 재구성하여 보여준다. 한편 시대적 상황의 차이는 원작을 리메이크한 문화콘텐츠를 통해서 확인 가능하다. 이와 관련된 예로 전통적인 SF물인 〈에이리언〉 시리즈의 프리퀄 역할을 하는 영화 〈프로메테우스〉(Prometheus, 2012)를 들 수 있다. 이 영화는 오랜 세월 관객의 관심을 끌었던 외계 생명체 스페이스 자키(Space Jockey)의 시각 이미지를 세련되게 다듬었으며, 이와 함께 스페이스 자키가 곧 생명체를 만드는 외계인 '엔지니어'였다는 새

로운 해석을 부여하였다. 이처럼 경향 ii)는 과거의 시각 이미지를 활용한 콘텐츠 프랜차이즈의 안정화에 초점이 맞춰져 있다.

이상으로 시각 이미지의 두 경향을 살펴보았다. 물론 이러한 경향은 어디까지나 문화콘텐츠 속에서 자주 드러나는 시각 이미지의 구성방식을 원형적 구조 중심으로 풀이한 것으로, 문화콘텐츠의 시각 이미지가 보일 수 있는 양상 모두를 설명하는 것은 아니다. 다만 이러한 경향의 모델화를 통해 우리는 문화콘텐츠의 기획과 제작에 있어서 시각 이미지의 어느 부분에 초점을 맞출 것인지에 대한 단서를 찾을 수 있다.

경향 i)이 세계관의 설정과 같은 전반적인 분위기 형성, 예를 들면 아트워크와 같은 배경 설정에 도움을 준다면, 경향 ii)는 OSMU를 염두에 둔 콘텐츠 프랜차이즈 형성에 기준을 제시한다. 물론 문화콘텐츠 속 시각 이미지는 캐릭터, 배경 그리고 문화콘텐츠를 널리 알리는 홍보물이나 웹사이트에 이르기까지 완결된 형태를 이루는 구성요소별로 다양하게 분화되며, 이들은 서로 복잡한 관계를 형성하고 있다. 따라서 문화콘텐츠 속 시각 이미지에 대한 고민은 그 외형을 이루는 미디어의 물상 (物像)에 관한 연구를 통해서 한층 더 심화되어야 할 것이다.

3. 내적 구성요소를 통한 공감대와 흥미 확보

앞서 살펴본 스토리와 시각 이미지의 전략은 문화콘텐츠의 기획과 제작에 일정한 기준을 제시한다. 이제 이 전략을 구조별로 다시 종합하여 각 구조가 수용자의 공감대와 흥미 형성에 어떤 방식으로 관여하는지를 살펴보기로 한다.

■ 기원구조와 문화콘텐츠의 기획 및 제작

기원구조를 통한 스토리의 기획과 제작에서 먼저 주의해야 할 점은 '개인 기원찾기'에서 시작해 '공동체 기원찾기' 유형으로 전개되는 문화콘텐츠가 많다는 점이다. 앞서 살펴본 사례에 의하면, 주역이 되는 캐릭터는 주로 영웅의 모습을 띤다. 이 문화콘텐츠들은 〈폴아웃 3〉의 예에서 보듯이 스토리 전개에 일정한 흐름을 지니는데, 바로 발단이 되는 행위가 '개인 기원찾기'를 기반으로 삼는다는 점이다. 이 유형을 통해 발현된 스토리는 이후 다양한 사건들과 함께 공동체 가치의 추구로 나아가게 되는데, 이는 '공동체 기원찾기'의 특징에 해당되는 것이다. 따라서 영웅을 주인공으로 삼는 문화콘텐츠의 스토리는 '개인 기원찾기'에 속하는 사건에서 시작하여 '공동체 기원찾기'로 끝을 맺는다. 이러한 흐름은 건국신화가 지니는 보편성을 활용해 문화콘텐츠 속 의미를 수용자에게 제시하기 위한 방편으로 풀이된다.

또한 기원구조를 통한 시각 이미지 분석으로 우리는 영웅의 양면성을 드러내는 도구인 검의 의미를 확인할 수 있다. 앞서 검의 긍정적인 측면이 발현된 예로 확장된 검인 야구배트가 등장하는 『공포의 외인구단』을 든 바 있다. 반면 〈돼지의 왕〉에서 검은 갈등을 증폭시키는 '물어뜯는 상징'이 된다. 이러한 두 측면의 발현은 검이 양면적인 특성을 지니고 있음을 잘 보여준다. 이러한 이 책의 분석결과를 확장하여 적용할 경우, 우리는 검 외에도 전사의 도구로 사용되는 다양한 무기들이

각 문화콘텐츠 속에 어떠한 의미를 지니는지에 대한 또 하나의 흥미로운 고민거리를 찾을 수 있을 것이다.

■ 탈주구조와 문화콘텐츠의 기획 및 제작

탈주구조의 스토리 분석 측면에서 유심히 살펴보아야 할 점은 문화콘텐츠의 내용 전개가 보통 주어진 상황에 대한 소극적 회피나 적극적 대처의 두 측면으로 나눠진다는 점이다. 이러한 전개의 분화는 앞서 살펴본 기원구조의 스토리와 연계된다. '개인 기원찾기'로 발현된 모험담의 주인공은 소극적 회피 혹은 적극적 대처의 두 갈래 길에 서게 된다. 이때 소극적 회피로 진행되는 스토리는 노스탤지어 추구의 시각 이미지와 결합하는 경향이 있다. 반면 적극적 대처를 담은 스토리는 병적인 영웅이나 구세주적 영웅의 시각 이미지를 불러일으킨다.

■ 대립구조와 문화콘텐츠의 기획 및 제작

대립구조의 스토리 분석은 대립이 되는 타자를 어떻게 인식하느냐에 좌우된다. 이는 구체적인 대립의 대상이 누구인지를 밝히는 작업이다. 이러한 '타자인식'은 시각 이미지의 분석에도 영향을 미치는데, 이는 앞서 〈폴아웃 3〉의 예처럼 가상세계를 다루는 문화콘텐츠를 분석할 때 특히 중시된다. 다만 『공포의 외인구단』에서 확인할 수 있듯이, 현실을 배경으로 삼으면서도 일반인과 다른 외모가 중요한 의미를 지니는 문화콘텐츠에서도 '타자인식'을 시각 이미지 분석에 활용할 수 있다. 아울러 대립과 진보 유형은 주로 스토리에 영향을 미쳐, 대립의 절정부와 선형적 진보의 결말부를 구성하는 역할을 한다.

흥미로운 점은 앞서 제4장의 사례분석 대상이 되는 문화콘텐츠 중 다수는 선형적 진보의 결말부를 지니고 있다는 것이다. 〈클라우드 아틀라스〉의 스토리는 인류의 발전을 긍정하며 끝을 맺는다. 『공포의 외인구단』의 남녀 주인공은 행복했던 과거로 돌아간다. 〈폴아웃 3〉의 주인공은 미국을 재건시킨다. 오직 〈돼지의 왕〉만이 과거의 기원에 얽매인 결말을 보여준다. 이는 〈돼지의 왕〉의 제작환경과 타겟이 되는 관객의 설정에 기인한 것으로 보인다. 이 애니메이션이 독립영화 프로젝트로 시작된 것임을 감안할 때, 〈돼지의 왕〉의 결말부는 그 태생적인 다름으로 인해 더 많은 수용자를 대상으로 한 문화콘텐츠가 '선형적 진보의 결말부'를 상정한 것과는 일정한 차이를 보인다.

■ 통일구조와 문화콘텐츠의 기획 및 제작

통일구조는 스토리와 시각 이미지 구축의 배경으로 존재하는 세계관의 설정에 영향을 미친다. 〈폴아웃 3〉와 같은 게임은 이러한 세계관의 설정을 중요하게 다루는데, 이는 세계의 통일이 OSMU의 가이드라인을 제시하기 때문이다. 아울러 원점회귀가 적용된 문화콘텐츠는 원래의 설정을 적용하면서도 스토리와 시각 이미지상으로는 기존 작품과 미묘한 차이를 드러낸다. 이러한 차이의 발현은 콘텐츠 프랜차이즈 유지를 전제로 수용자의 흥미를 자아내는 색다른 요소를 제시한다는 점에서 리메이크나 리부트 같은 상업적 행위의 주안점이 된다.

■ 익숙함의 호명, 새로운 흥미의 부여

다음의 표는 분석을 통해 도출된 문화콘텐츠의 스토리 흐름과 시각 이미지 경향을 구조별로 요약한 것이다. 이러한 흐름과 경향은 원형의 보편성과 재귀성을 기저에 두기 때문에 문화콘텐츠가 만들어진 지역과 시대, 그리고 문화콘텐츠의 미디어 형태와는 무관하게 발현된다. 따라서 과거와 현재의 문화콘텐츠가 지닌 특징을 망라하는 것이라고 볼 수 있다. 이러한 스토리의 흐름과 시각 이미지의 경향을 정리함으로써 우리는 원형적 구조가 지닌 중요한 특징을 찾아낼 수 있다. 그것은 바로 기원구조와 대립구조가 수용자의 **익숙함**을 염두에 둔 것이라면, 탈주구조와 통일구조는 새로운 내용 전개를 위한 **흥미 부여**의 기반이 된다는 점이다.

표 5.5. 원형적 구조에 따른 문화콘텐츠 구성 전략

항목	스토리 구성	시각 이미지 구성	효과
기원구조	• 부모의 부재를 주로 다룸 • 개인적 기원 찾기에서 공동체적 기원 찾기로 발현	• 타락의 시각 이미지 구성 • 영웅에 대한 양가적 표현	익숙함의 호명
탈주구조	• 전개가 소극적/적극적 대처로 양분 • 병적인 영웅 행위가 중시됨	• 패러디 혹은 오마주와 관련된 과거 회귀적 시각 이미지 구현 • 종교적 구세주 구현	새로운 흥미 부여
대립구조	• 타자의 인식으로 대립 생성 • 더 나은 미래로의 여지를 남겨두는가에 따라 결말이 달라짐	• 공동체 간 대립의 시각 이미지 구현	익숙함의 호명
통일구조	• 배경이 되는 세계관의 설정이 스토리의 안정을 도움	• 원안 기반의 동시대적 시각 이미지 구현	새로운 흥미 부여

기원구조에서 주로 다루는 영웅 스토리는 최초 '개인 기원찾기'로 시작하여 건국행위로 귀결된다. 건국과 관련된 영웅신화 중 우리에게 널리 알려진 주몽신화 또한 이러한 스토리를 지니고 있다. 주몽은 아버지

를 찾기 위하여 여행을 떠났지만, 결국 새로운 나라를 건국하는 것으로 여행을 끝맺는다. 세계와 그 구성요소들을 설명하고 정당화시키는 건국영웅의 신화는 보편성을 지녀 이후의 문화콘텐츠에도 끊임없이 복원되고 평가되며 가치가 부여되는 것이다. 따라서 영화·만화·애니메이션·게임 등의 다양한 문화콘텐츠에서 수용자의 익숙함을 불러일으키는 영웅신화적 스토리의 예를 발견할 수 있다.

이러한 익숙함의 호명은 대립구조에 있어서도 마찬가지이다. 모든 소설과 영화의 기교는 극적인 대립을 근간으로 하고 있다는 뒤랑의 말처럼, 동서고금을 막론하고 대부분의 문화콘텐츠는 갈등과 대립을 주된 사건으로 다룬다. 따라서 '개인 기원찾기'의 시작부와 극적인 대립의 절정부, 그리고 선형적 진보의 결말부는 수용자가 선호하는 익숙한 스토리의 전형이며, 이들의 양상은 기원구조와 대립구조라는 두 개의 원형적 구조를 통해 분석 가능하다.

한편 탈주구조는 문화콘텐츠의 주인공에게 내용 전개에 대한 수동적 혹은 능동적 대처의 두 가지 선택지를 제시하여 동일한 상황에서도 다른 내용이 전개될 수 있는 기회를 준다. 이는 '영웅행위' 유형의 도치를 통해 다시 한 번 분화되는데, 앞서 살펴본 『공포의 외인구단』에서 팀워크를 저해하는 오혜성의 행위나 〈돼지의 왕〉에서 김철을 살해한 정종석의 행위는 영웅의 도치를 완성시켜 뜻밖의 상황을 수용자에게 제시하는 새로운 내용 전개의 예이다.

아울러 통일구조에서도 탈주구조처럼 새로운 흥미를 부여하기 위하여 '원점회귀'를 활용하는 경우를 볼 수 있다. '원점회귀'가 관여하는 리메이크와 리부트는 콘텐츠 프랜차이즈의 지속성을 보장하기 위하여 익숙함에 새로운 내용을 추가하는 경우이다. 따라서 탈주구조와 통일구조를 통해서 우리는 익숙함에 뜻밖의 전개나 새로운 내용을 더하는 흥미 부여의 과정을 볼 수 있다.

■ 최근 문화콘텐츠의 경향

전술한 익숙함과 흥미 부여의 특징을 기반으로 최근의 문화콘텐츠가 보이는 일정한 흐름을 읽어내는 것 또한 가능하다. 회귀적인 시각 이미지가 두드러지는 2000년대 영상콘텐츠의 다수는 탈주구조의 특징을 반영한 것이다. 이들은 해당 시각 이미지에 익숙한 수용자의 과거를 상기시키면서도 익숙하지 않은 수용자에게 색다른 즐거움을 전해준다. 〈응답하라 1997〉(2012), 〈응답하라 1994〉(2013), 〈응답하라 1988〉(2015)로 이어지는 일련의 TV 드라마나 〈써니〉(2011), 〈건축학개론〉(2012)과 같은 영화는 노스탤지어를 불러일으키는 시각 이미지를 지속적으로 제시해 상술한 두 측면의 의도를 모두 달성하려 한다. 이는 탈주구조가 지니고 이는 흥미 부여의 특징에 따른 것이다.

그리고 오늘날 게임에서 자주 발견되는 세밀한 세계관의 설정은 통일구조의 특징을 반영한 것이다. 통일구조는 세계의 구축과 순환을 주된 특징으로 삼는데, 이는 데이터의 전용이 자유로운 게임의 특성과 맞물려 방대한 프랜차이즈 형성에 힘을 싣는다. 따라서 게임은 익숙한 브랜드 네임을 유지하면서도 새로운 플레이어를 흡수하기 위하여 통일구조의 특징을 자주 내보인다.

다만 이러한 탈주구조와 통일구조의 역할에도 불구하고 우리가 접하는 문화콘텐츠 대부분은 익숙한 스토리 전개나 문제의식을 지니고 있는데, 그 이유는 설령 그것이 가장 최신의 문화콘텐츠일지라도 그 내적인 스토리와 시각 이미지는 기원구조와 대립구조의 영향 아래 놓여 있기 때문이다.

■4. 전략의 이점과 보완할 점

지금까지 우리는 문화콘텐츠 분석을 위하여 내적 구성요소인 스토리와 시각 이미지가 지니는 특징을 공감대와 흥미 부여의 두 가지 측면으로 살펴보았다. 이제 기획과 제작 전략을 마무리 짓는 의미에서 문화콘텐츠 분석틀의 이점과 보완할 점을 진단한다. 아울러 보완할 점의 경우 후속연구의 필요성을 수반하므로, 이에 대한 내용은 책의 결론에서 밝힌다.

■ 분석틀의 이점

원형적 구조를 통한 문화콘텐츠 분석이 지닌 이점 중 첫 번째로 **시각 이미지를 염두에 둔 분석틀**이라는 것을 들 수 있다. 이는 기존 서사이론 및 스토리텔링 이론의 한계인 스토리 중심의 분석을 넘어서서, 문화콘텐츠 속 시각 이미지를 어떠한 방식으로 분석할 것인지에 대한 기준을 마련한 것으로 볼 수 있다. 문화콘텐츠의 내적 구성요소인 스토리와 시각 이미지는 보편적인 원형에 근본을 두고 발현된 것들이다. 따라서 원형적 구조 아래 속하는 유형, 행위, 상징은 스토리와 시각 이미지를 동시에 분석할 수 있는 기준이 된다.

두 번째 장점으로는 **미디어를 뛰어넘는 분석**이 가능하다는 점을 들 수 있다. 이는 원형이 지닌 보편성과 재귀성 그리고 역동성에 기인한 것으로, 원형적 구조를 통한 문화콘텐츠 분석은 트랜스미디어의 특징을 띠는 오늘날, 문화콘텐츠에 대한 미디어를 뛰어넘는 분석을 가능케 한다. 이처럼 시각 이미지에 대한 고려와 트랜스미디어적 접근이라는 두 가지 이점은 서론에서 언급한 분석대상 선정의 이유와 연계되는 것이다. 따라서 원형적 구조를 통한 문화콘텐츠 분석의 이점은 서론에서 제기한 공감대와 흥미 확보의 문제들을 설명해주는 역할을 한다.

아울러 원형적 구조를 활용한 분석틀은 **문화콘텐츠 제작을 위한 방법론**이 될 수 있으며, **문화콘텐츠 비평을 위한 방법론**이 될 수도 있다. 먼저 문화콘텐츠 제작을 위한 방법론의 경우를 살펴보면 다음과 같다. 일반적으로 문화콘텐츠 분석은 제작의 위험성을 줄이기 위한 선행연구의 특성을 띤다. 원형적 구조를 통한 기존 사례분석은 종례의 문화콘텐츠학에서 활용되어 온 산업 중심의 양적방법론을 넘어서, 문화콘텐츠의 내적인 의미를 밝히는 구성요소 진단이라는 질적방법론으로 기능할 수 있다.

그리고 문화콘텐츠 비평의 경우 아직 용어의 정의 및 비평 대상에 대한 이견이 존재하는 영역이다. 그러나 문화콘텐츠 비평이 트랜스미디어 비평을 지향한다는 점에 대해서는 대부분 동의하고 있다.117) 원형적

---

117) 박치완은 콘텐츠 비평의 특징으로 다음의 두 가지를 언급하고 있다. "첫째,

구조를 통한 문화콘텐츠 분석은 기존의 스토리 또는 창작자 중심의 비평을 넘어서 '미디어를 넘나드는 비평'을 가능케 하는 근거가 된다.

■ 분석틀의 보완할 점

이러한 이점에도 불구하고 이 책이 제시한 문화콘텐츠 분석틀은 보완할 점을 지닌다. 이를 살펴보면 다음과 같다.

우선 시각 이미지 분석을 위한 명증한 틀이 필요하다. 이 책에서 시각 이미지 분석의 기준으로 제시된 행위와 상징은 자의적 해석의 위험을 항시 내포한다. 일례로 십자가는 나무와 동일시되는 '상승의 원형적인 의미'와 예수 희생의 상징인 '기독교적 의미' 그리고 대중문화에서 흔히 보이는 '퇴마의 상징으로서의 의미'가 함께 내재된 상징이다. 문화콘텐츠 속 십자가는 상술한 세 가지 의미 중 어느 하나만을 취할 수도 있으며, 또는 둘 이상을 복합적으로 취할 수도 있다. 따라서 문화콘텐츠에 대한 면밀한 분석을 시행하지 않을 경우, 분석자가 자의적인 해석을 가할 위험이 존재한다.

또한 본 분석틀은 시각 이미지의 중요한 특징 중 하나인 관념과 물상의 상관관계를 밝히는 데 한계가 있다. 특히 원형이론은 두 요소 중 관념에 집중되어 있다. 따라서 물상에 해당하는 미디어의 특징은 이 책에

콘텐츠 비평은 다장르 내지 초장르적(transgeneric) 혹은 초분야적 문화 (trans-disciplinary culture) 비평을 지향한다. 이는 문화가 가치와 의미를 생산하는 방식이 융합적으로 전개되는 현실을 반영한 것이다. 둘째, 기존 다학제적 접근을 지향한다는 것이다." 박치완 외, 『키워드 100으로 읽는 문화콘텐츠 입문사전』, 꿈꿀권리, 2013, 63쪽.

서는 누락되어 있다. 영화·만화·애니메이션·게임은 각각의 형태를 이루는 미디어적 물상의 지배를 받는다. 이 물상은 해당 문화콘텐츠의 시각성을 지배하여 외양을 만드는 데 중요한 역할을 한다. 따라서 본 분석틀을 통한 문화콘텐츠 분석의 보완을 위해서는 시각 이미지와 미디어적 물상의 관계를 고려해야 한다.

아울러 스토리와 시각 이미지의 상관관계에 대한 고민이 필요하다. 본 분석틀 속 유형은 개별 문화콘텐츠의 스토리와 시각 이미지를 분석하는 기준을 제시했지만, 이들이 어떠한 상관관계 속에서 결합되었는지는 원형의 특성에 의존해 추정할 수밖에 없다. 문화콘텐츠 속 스토리와 시각 이미지의 결합은 필연적이기도 하지만, 서로 아무런 관련이 없는 상태에서 하나의 문화콘텐츠에 제시되는 경우 또한 자주 있다. 그리고 몇몇은 전혀 필연적이지 않은 결합을 전면에 내세우기도 한다. 의외의 결합에서 오는 엉뚱함을 주된 특징으로 삼는 최근 웹툰(webtoon)의 경향을 상기해 볼 때[118) 양자의 결합에 대한 해석은 이 책의 보완할 점으로 남는다.

그리고 캐릭터에 대한 면밀한 고찰이 요구된다. 이 책은 캐릭터를 원형적 행위의 주체로 언급하지만 이것만으로는 캐릭터의 특성을 충분히

---

118) 이러한 엉뚱함은 웹툰 작가가 기존의 콘텐츠 창작자와 달리 아마추어적 입장에서 자신이 원하는 바를 그렸기 때문이다. 일반적으로 웹툰 작가는 "네티즌이자 아마추어 UCC 크리에이터였고, 다른 네티즌들의 지지에 힘입어 작가가 되었다." 따라서 이들은 계산된 내용보다는 엉뚱한 발상에서 오는 신선함을 콘텐츠 창작의 기조로 삼는다. 김기홍, 『디지털만화 공정유통의 개념정립과 모델링 연구』, 한국만화영상진흥원, 2012, 20쪽.

설명했다고 보기 어렵다. 문화콘텐츠 속 캐릭터는 일정한 원형의 지배를 받음과 동시에, 캐릭터 간 관계를 통해 자신을 드러내는 특징을 지닌다. 캐릭터도 수용자에게 어필하기 위한 고유의 구성요소를 지니고 있음을 감안할 때 이에 대한 보완이 필요하다.

이러한 스토리와 시각 이미지의 상관관계 규명 및 캐릭터에 대한 면밀한 고찰은 문화콘텐츠의 개별성에 관한 고민으로 이어진다. 오늘날 우리가 접하는 문화콘텐츠는 일정한 지역문화의 특성과 더불어 시대성을 띠고 있으며, 이러한 지역성과 시대성은 문화콘텐츠의 스토리와 시각 이미지에 고스란히 반영된다. 앞서 사례로 다룬 것 중 한국문화콘텐츠에 속하는 『공포의 외인구단』과 〈돼지의 왕〉을 살펴보면 이러한 문화콘텐츠의 개별성은 더욱 두드러진다. 이들은 1980년대 한국이라는 동일한 시공간적 배경에 예속된다. 이 시공간적 배경은 문화콘텐츠의 제작 시기에 따라서 『공포의 외인구단』의 경우처럼 동시대적이거나, 혹은 〈돼지의 왕〉처럼 회귀적이다. 다만 스토리와 시각 이미지 양자가 결합하여 발현되는 과정에 시공간적 배경이 개입됨은 분명하다.

이러한 개별성의 문제는 캐릭터의 경우에도 동일하게 적용되는데, 『공포의 외인구단』의 캐릭터인 오혜성, 마동탁, 최엄지와 〈돼지의 왕〉의 캐릭터인 정종석, 황정민, 김철이 지니는 고유한 역할과 시각 이미지, 그리고 캐릭터간 관계는 지역문화의 영향과 시대적 상황 아래 설정된 것들이다. 따라서 보편성과 재귀성 그리고 역동성을 반영한 문화콘텐츠 내적 구성요소 분석틀의 후속연구는 각 문화권과 시대의 영향으로 인해 발현되는 문화콘텐츠의 개별성을 밝히는 작업이어야 한다.

Chapter 6

결 론

Chapter 6

결 론

   앞서 언급한 문화콘텐츠 분석틀의 보완할 점은 문화콘텐츠와 원형이론이 앞으로 어떤 방향으로 나아갈 것인지와 직접 연계된다. 따라서 결론은 문화콘텐츠 내적 구성요소 분석틀이 어떻게 보완될 수 있는지에 대한 구체적인 방법을 제시하는 것으로 정리하고자 한다. 이는 크게 미디어의 물상을 살피는 것과 문화콘텐츠의 개별성을 밝히는 것으로 나누어진다. 전자가 문화콘텐츠를 규정짓는 관념과 물상의 상관관계를 확인하는 것이라면, 후자는 문화콘텐츠의 시공간적 보편과 개별의 넘나듦을 탐구하는 것이다.

   먼저 언급할 것은 미디어의 물상에 관한 연구, 즉 문화콘텐츠의 외현을 결정하는 미디어의 특징을 살피는 것이다. 이 책의 분석대상을 예로 들자면, 영화나 애니메이션 같은 영상콘텐츠는 스크린과 TV를 주된 미디어로 삼는다.

   만화는 책이나 웹페이지의 형태로 보급되며, 게임은 개인용 컴퓨터와 게임기를 플랫폼으로 삼는다. 최근에는 이들을 하나로 묶는 기기가 일반화되었는데, 스마트폰이나 스마트패드 등의 스마트기기가 이에 속한다.

각 미디어의 특성에 따른 시각 이미지의 재현은 다양한 양상을 띤다. 스크린과 TV는 움직이는 영상의 재현에 특화되어 있고, 책은 다수의 정지된 시각 이미지를 선형적으로 보여주며, PC나 스마트기기는 시각 이미지의 재현에 상호작용성을 부여한다. 이러한 미디어의 특성은 시각 이미지의 재현과 밀접하게 연관되어 있다. 따라서 원형적 구조를 문화콘텐츠 분석에 적용할 때 미디어의 특징도 함께 고려한다면, 제작을 위한 문화콘텐츠 분석과 문화콘텐츠 비평 양 측면에서 좀 더 상세한 결과물을 얻을 수 있을 것이다.

미디어 속 시각 이미지의 재현에 대한 최근 예시인 '게임 앱(game app)'은 이러한 변화의 양상을 직접 보여준다. 게임 앱 속 시각 이미지는 현실세계의 모든 정보를 담고 있지 않다. 그 이유는 제한된 가상세계 구축을 위해서 굳이 모든 정보를 담을 필요가 없기 때문이다. 게임 앱 속 시각 이미지는 현실의 무언가를 상기시키기 위함이지, 현실 그 자체를 제공하기 위함이 아니다. 따라서 이는 기술의 제약이라기보다는 기술의 선택으로 볼 수 있다. 일례로 〈앵그리버드〉(Angry Birds) 시리즈의 새나 돼지 이미지는 발달된 디지털 기술 아래 더욱 현실적으로 구현될 수 있다. 그러나 이는 유희를 추구하는 게임 앱의 속성을 생각해 보았을 때 전혀 효율적이지 않다. 게임 앱의 시각 이미지는 어디까지나 언제 어디서나 게임을 즐길 수 있는 본연의 목적에 맞게 구성되어 있다.

이러한 미디어의 물리적 특징에 따른 시각 이미지의 선택적 재현 사례가 게임에만 국한된 것은 아니다. 최근 인기를 얻고 있는 만화 장르인 웹툰은 만화 보기 행위를 책장을 넘기는 것에서 마우스를 스크롤하는 것으로 바꿔 놓았다. 웹툰 보기 행위가 과거와 달라진 이유는 미디어와 인간을 연결하는 인터페이스의 변화에 따른 것이다. 이는 만화의 시각 이미지 구성을 '좌에서 우로 순차적으로 배치'하는 것에서 '위에서 아래로 나열'하는 것으로 바꾸었으며, 컷 당 압축된 정보를 제시하던 개별 이미지들을 씬(scene)의 연속과 같은 스토리보드의 형태로 변화시키는 데 직접적인 영향을 미쳤다.

게임과 만화의 최근 사례는 우리에게 문화콘텐츠의 내적 구성요소가 여전히 스토리와 시각 이미지로 동일함에도, 그 시각적 양상은 미디어 기술의 변화로 인해 여러 갈래로 나눠질 수 있음을 시사한다. 새로운 미디어의 출현이 수용 형태의 변화와 직접 연결됨을 감안할 때, 물상에 관한 연구는 각 미디어의 특징이 어떤 방향으로 전개될 것인지를 예측하는 것이다.

이러한 전개에 대한 최근 견해로 제이 데이비드 볼터(Jay David Bolter)와 리처드 그루신(Richard Grusin)이 제시한 재매개(remediation)를 들 수 있다. 여기서 재매개란 "뉴미디어가 회화, 사진, 영화, 텔레비전과 같은 기존 미디어들을 인정하거나 그것들과 경쟁하면서, 스스로의 문화적 의미를 획득하는 과정"으로 정의된다.[119]

몰입(immersion)과 하이퍼텍스트성(hyper-textuality)은 재매개 과정에서 첫 손에 꼽히는 특징으로, 이들은 과거의 원근법이나 인덱스에서 기인한 것이지만, 뉴미디어와 결합하면서 원근법은 몰입으로, 인덱스는

---

119) J.D. 볼터·R. 그루신, 『재매개: 뉴미디어의 계보학』, 이재현 옮김, 커뮤니케이션북스, 2008, 32쪽.

하이퍼텍스트성으로 변모하고 있다. 따라서 장르별로 분화되는 문화콘텐츠의 시각 이미지 분석은 인접 이론을 함께 고려해야 한다. 원형이론을 통해 다양한 시각 이미지의 동일한 근원을 설명할 수 있다면, 이들이 전개되는 양상은 재매개를 비롯한 최근 커뮤니케이션 이론을 통해서 설명 가능할 것이다.

미디어의 물상과 더불어 고려해야 할 점은 지역적 특성과 시대 상황을 반영한 문화콘텐츠의 개별성을 밝히는 것이다. 이는 문화콘텐츠 연구의 성립 초창기부터 지속적으로 제기되어 온 문제로 캐릭터의 형성 및 스토리와 시각 이미지의 결합 양상에 깊게 관여한다. 아울러 문화콘텐츠의 개별성에 관한 고민은 서론의 선행연구 분석에서 제기한 문화원형 연구의 문제의식을 다시금 제기하는 것이다. 이 책의 제4장 사례 분석에서 다룬 문화콘텐츠는 미국, 독일, 한국 등에서 제작된 것들로 각 지역의 문화와 더불어 특정한 시대상황을 반영하고 있다. 물론 이 책에서도 스토리와 시각 이미지 분석에 해당 문화콘텐츠 생성의 시대적, 지역적 배경을 간략히 언급하였다. 그러나 이는 엄밀한 의미에서 문화콘텐츠의 개별성을 함께 감안한 분석이라 보긴 어렵다.

오늘날 영화산업의 주류를 차지하는 할리우드 영화도 각 국가와의 끊임없는 문화적 충돌을 겪으며 잡음을 일으키고 있다. 일례로 2012년 상반기에 개봉한 〈배틀쉽〉(Battleship)의 경우, 극중 욱일승천기를 등장시켜 국내 개봉 당시 혹평을 받은 바 있다.[120] 영화의 내용과 깊은

---

120) 배인규, 「'욱일승천기' 나부끼는 〈배틀쉽〉이 킬링타임용인 이유」, 『오마이뉴스』, 2012.04.16.

연관을 맺지 않은 제2차 세계대전의 상징물이 한국 관객들에게는 강한 거부감을 불러일으킨 것이다. 또한 좀비영화인 〈랜드 오브 데드〉(Land Of The Dead, 2005)의 경우 우크라이나에서 상영 금지되었는데, 이는 좀비가 사람을 잡아먹는 모습이 1930년대 일어난 우크라이나 대기근을 연상시킨다는 이유에서였다.121) 따라서 이러한 문화의 개별성을 감안한 지역문화와 문화콘텐츠의 상관관계를 밝히는 일은 시급히 해결해야 할 과제로 남는다.

문화콘텐츠의 개별성을 규명하기 위한 방안으로 각 지역과 시대에 걸쳐 문화원형을 수집 및 정리하는 작업을 제시할 수 있다. 이는 몇 단계의 과정을 거치는데, 우선 원형 스토리에 대한 수집을 진행한다. 여기서 원형 스토리란 지역 및 시대별로 일정한 공통분모를 띠는 유형화된 스토리를 의미하는 것으로, 신데렐라 스토리가 이에 대한 대표적인 예이다.

다음으로 원형 스토리를 활용한 문화콘텐츠에 관한 수집을 진행한다. 이때 수집대상이 되는 문화콘텐츠의 형태는 연구목적에 따라 달라질 수 있겠지만, 기본적으로는 시각 이미지를 띤 시각문화에 속하는 것이어야 한다. 이후 원형 스토리의 기준 아래 수집된 문화콘텐츠를 스토리와 시각 이미지로 나눠 분류한다. 일련의 작업을 통해 우리는 세계적으로 공통점을 띠는 원형 스토리의 기준 아래 문화권별로 차이를 보이는 문화콘텐츠 속 구성요소의 주요 지점들을 확인할 수 있다.

---

121) 유제상, 「질베르 뒤랑과 글로컬문화콘텐츠」, 『철학과 문화』 제25집, 한국외국어대학교 철학연구소, 2012, 329쪽.

이러한 원형 스토리에 대한 연구는 보편성, 재귀성, 역동성에 집중한 이 책의 문화콘텐츠 분석틀이 추후 개별성 도출 차원으로 나아갈 필요가 있음을 지적하는 것이다. 네 개의 원형적 구조를 바탕으로 각국의 문화콘텐츠를 분석해보면, 동일한 원형 스토리나 유사한 신화·민담·설화와 같은 기원 아래 위치하면서도 서로 미세한 차이를 보이는 지점을 찾아낼 수 있을 것이다. 이는 현재 한류를 위시로 한 다양한 지역문화콘텐츠의 세계화 현상을 함축하는 글로컬문화콘텐츠와 원형연구의 만남을 시사한다.

세계화된 오늘날의 문화적 환경 속에서 단 하나의 원칙만을 강요하는 것이 아닌, 다원성을 존중하는 것을 기본 골자로 삼는 글로컬문화콘텐츠122)는 원형적 구조를 활용한 분석틀의 적용이 유효한 연구영역이라 할 수 있다.

아울러 앞서 살펴본 원형 스토리의 유형화는 문화코드(culture code)라는 개념과 연계된다. 여기서 문화코드란 한 국가 내에서 문화적 관습에 의해 안정화된 것을 특화시켜 지칭하는 개념이다. 이 개념은 한 문화권의 시민들이 공유해온 역사, 전통, 관습, 국민성, 가치관 등을 포괄적으로 이해하는 것과 관계를 맺는다. 따라서 문화콘텐츠의 보편성과 개별성을 연구하는 데 있어서 문화코드는 일정한 양적 통계 아래 질적인 근거를 제시한다는 점에서 중요하게 다루어질 필요가 있다. 아울러 이 개념은 원형적 사고를 기저에 둔 정신분석학에서 파생된 것이므로, 이 책이 다룬 내용과 상당부분 유사성을 띤다. 원형이론이 추후 문화콘

---

122) 위의 글, 171쪽.

텐츠의 보편성과 개별성 간 상관관계를 도출하기 위하여 글로컬문화콘텐츠와 문화코드를 연구할 필요가 있다는 점을 언급하는 것으로 이만 글을 줄인다.

이 책에서 다루어진 문화콘텐츠 일람

* 미디어 형태에 따라서 소설, 만화, 영화, 애니메이션, 게임, 드라마 순으로 제시함

* 칸 안의 글은 제목, 원제, 연도, 장르, 내용 요약 순으로 정리함

반지의 제왕	The Lord of the Rings	1954	소설
오늘날 판타지 장르의 세계관을 정립한 J. R. R. 톨킨의 기념비적인 소설. 위기에 빠진 가운데 땅(Middle-Earth)을 구하기 위한 프로도와 동료들의 모험담을 다루고 있다. 소설은 내용이 진행되는 가운데 민담처럼 시가(詩歌)를 담고 있어서 영화 등 다른 장르에서는 맛볼 수 없는 색다른 느낌을 전해준다.			

공포의 외인구단	–	1983	만화
프로야구 출범 붐을 맞이하여 큰 인기를 모은 야구만화. 오혜성을 비롯한 아웃사이더들이 손병호 감독의 손에 모여 전승우승을 이뤄내기 위해 노력한다. 스포츠 근성물과 불륜물이 뒤섞인 이색작이자 1980년대를 상징하는 만화			

도대체 왜?인구단	–	2009	웹툰
『공포의 외인구단』을 패러디한 웹툰. 그러나 주 종목은 축구이다. 그리고 『공포의 외인구단』 뿐만 아니라 『아기공룡 둘리』, 『로봇 찌빠』, 『신의 아들』 등 추억의 80년대 한국 만화들도 함께 패러디하였다.			

아마게돈	–	1988	만화
주간지 『아이큐점프』에 인기리에 연재한 SF 만화. 인간의 목숨을 담보로 끊임없는 전쟁을 벌이는 두 컴퓨터의 대립을 멈추기 위한 오혜성의 모험을 담고 있다. 1996년 극장용 애니메이션으로도 만들어졌으나 만화의 방대한 내용을 담는 데 실패하여 평이 좋지 못하다. 다만 김신우가 부른 주제가인 '마리'는 큰 인기를 얻었다.			

왓치맨	Watchmen	1986	만화
휴고상을 수상하며 작품성을 인정받은 앨런 무어 원작의 슈퍼히어로 만화. 기존의 슈퍼히어로 만화와 다르게 최대한 현실적으로 캐릭터를 그려내고 있으며, 대를 위한 소의 희생, "누가 감시자를 감시하는가"라는 권력과 자경(自警)의 문제를 심도 있게 다루고 있다. 다양한 미디어 양식을 표방한 만화의 구성도 흥미로운 볼거리다.			

쥐-한 생존자의 이야기	MAUS	1991	만화

1992년 퓰리처상을 수상한 아트 슈피겔만의 만화. 유대인으로 2차 대전을 겪은 아버지의 삶을 극화하였다. 언더그라운드 만화가 출신인 작가의 사회에 대한 냉소적인 시선이 만화 전편에 반영되어 있다. 아울러 인종에 따라서 동물 상징을 활용한 면에 있어서도 자주 인구에 회자되는 작품이다.

천국의 신화	–	1997	만화

특별히 문헌이 존재하지 않는 한국의 신화를 작가의 상상력으로 그려낸 만화. 다만 작품의 묘사에 있어서 시대를 앞서나간 측면이 있어서 외설 시비가 붙기도 했다. 웅장한 작품은 작가의 야심이 느껴지지만 역사와 상상의 경계가 불분명한 점에 있어서는 수용자의 비판을 받기도 한 작품이다.

8번가의 기적	Batteries Not Included	1987	영화

손바닥만한 기계장치 형태의 외계인이 등장하여 철거 위기를 겪고 있는 입주자들과 교분을 쌓는다는 내용의 SF 영화. 국내에는 스필버그 감독의 이름을 붙여 홍보했으나 큰 인기를 얻지는 못했다. 다만 앙증맞은 외계인의 모습으로 인해 세월이 흐른 오늘날에는 추억의 영화로 남아있다.

JFK	JFK	1991	영화

올리버 스톤 감독, 케빈 코스트너 주연의 스릴러 영화. 케네디 대통령의 암살과 관련된 음모론 중 '남부의 유력 경제인이 그의 암살을 사주했다'는 설을 채택하여 스토리라인을 짰다. 올바름에 대한 추구가 돋보이지만 모든 내용이 사실과 일치하는 것은 아니며, 영화가 다소 지루하게 느껴질 수도 있다.

갱스 오브 뉴욕	Gangs Of New York	2002	영화

1840년대를 배경으로 뉴욕에 거주하던 이민자간의 알력을 다룬 영화. 아버지의 원수 밑에서 총애를 받는 부하가 되며 복수를 계획하는 주인공의 이야기를 다루고 있다. 촬영장에 긴장감을 부여할 정도로 배역에 몰입한 다니엘 데이 루이스의 열연으로도 유명한 영화이다.

건축학개론	–	2012	영화

아이돌 그룹 미쓰에이의 수지가 주연으로 등장하여 국민 첫사랑이란 호칭을 얻게 된 로맨스 영화. 옛사랑을 다시 만나면서 겪게 되는 세밀한 심정의 변화가 영화 속에서 잘 그려져 있다. 여타의 작품들과 함께 2010년대 영상콘텐츠의 복고붐을 이끈 영화.

괴물	The Thing	1982	영화

존 카펜터 감독의 SF 영화로 남극에서 발견된 미지의 생물과 인간의 사투를 그리고 있다. 미지의 생물은 인간의 모습으로 변장할 수 있으며, 동료들 가운데 괴물이 섞여 있을 수 있다는 불안감이 영화의 긴장감을 이끌어낸다. 사투를 치러내고 망연자실하게 앉아있는 주인공의 모습이 진한 여운을 남기는 영화

금지된 행성	Forbidden Planet	1956	영화

〈금지된 세계〉또는 〈금지된 행성〉으로 불리는 이 1956년 작품은 미국 SF 영화의 고전으로 널리 알려져 있다. 외계를 탐사하던 대원들이 경고에도 불구하고 혹성에 착륙하면서 일어나게 되는 갈등을 다루는 이 영화는 작중 중요한 역할을 하는 캐릭터인 로봇 '로비'가 컬트적인 인기를 얻고 있는 것으로도 유명하다.

늑대와 춤을	Dances With Wolves	1990	영화

케빈 코스트너가 감독과 주연을 동시에 맡은 영화. 주인공이 우연한 기회에 인디언 사회에 동화되어 그들을 돕는 과정을 담담하게 그려내고 있다. 전 세계적으로 큰 인기를 얻은 영화로 제임스 카메론 감독의 〈아바타〉등 비슷한 주제를 다루는 영화에 적지 않은 영향을 미쳤다.

닉슨	Nixon	1996	영화

닉슨 대통령의 유명한 정치 스캔들인 워터게이트 사건을 정면으로 다룬 영화. 정의란 무엇인가에 대한 올리버 스톤 감독 특유의 시선이 돋보이나 러닝타임이 세 시간이 넘고 인물을 입체적으로 그리는 데 실패하여 호불호가 갈릴 수 있다.

다크 나이트	The Dark Knight	2008	영화

크리스토퍼 놀란 감독의 다크 나이트 트릴로지 중 두 번째 작품. 전작인 〈배트맨 비긴즈〉가 배트맨의 탄생을 다뤘다면, 이 영화는 배트맨이 사회에 어떤 역할을 해야 하는지를 감독 특유의 관점 아래 다룬다. 국내외적으로 대단한 반향을 불러일으킨 영화로 다소 난잡한 마지막 액션신을 제외한 이 영화의 모든 부분이 흥미롭다.

달라스 바이어스 클럽	Dallas Buyers Club	2013	영화

에이즈 치료제를 사적으로 판매한 실존인물 '론 우드루프'의 일화를 다룬 영화. 영화의 스토리는 약의 판매에 제약회사의 개입이 있으며, 이는 결국 환자의 치료가 아닌 사기업의 이윤창출이 주된 목적임을 알리려는 목적을 두고 있다. 다소 과장된 스토리를 지님에도 불구하고 두 주연배우의 호연으로 이를 보완하는 영화.

라이언 일병 구하기	Saving Private Ryan	1998	영화

박력 넘치는 전쟁의 재현으로 국내에서도 큰 인기를 모은 영화. 단 한 명의 생존자를 구하기 위해 어떤 희생도 치를 각오가 되어 있다는 다소 과장된 국가주의가 점철된 스토리는 쉽게 공감하기 어려우나, 죽음을 목전에 두고 지난 세월을 반추하는 주인공 존 밀러 대위의 모습은 매우 인상 깊다.

랜드 오브 데드	Land Of The Dead	2005	영화

조지 로메로 감독이 21세기 들어 새롭게 만들어낸 좀비 영화. 기존 그의 작품에서 볼 수 있었던 사회 풍자적 요소는 더욱 강화되었으나, 이에 너무 치중한 나머지 영화로서의 재미는 상당 부분 잃게 되었다. 좀비가 다른 영화의 그것과 달리 지적이며 의미 있는 단체행동을 수행한다는 점이 특이한 영화

말콤 X	Malcolm X	1992	영화

킹 목사의 안티테제로 흑인 해방을 위해 활동하며 한 시대를 풍미한 말콤 X의 일대기를 그린 영화. 그의 드라마틱한 삶이 잘 드러나 있으며 말콤 X역을 맡은 덴젤 워싱턴의 호연 또한 돋보인다. 영화 말미에 넬슨 만델라 등의 유명인이 말콤 X를 기리는 장면은 사뭇 감동적이다.

밀크	Milk	2008	영화

1970년대 활동했던 실존 인물인 하비 밀크의 일화를 다룬 작품. 하비 밀크는 3번의 실패 끝에 샌프란시스코 시의원에 당선되지만, 이 일로 동성애 혐오자들의 표적이 된다. 감독인 구스 반 산트는 스스로가 동성애자로서 소수자에 대한 사회의 시선을 끊임없이 영화의 소재로 사용하고 있다.

배틀쉽	Battleship	2012	영화

해즈브로의 동명 보드게임을 원작으로 한 SF 액션 영화. 스토리가 작위적이고 우연에 의지하는 경향이 있지만, 절정부의 포격 장면은 블록버스터 영화만이 지니는 특유의 카타르시스를 전달해준다. 미해군과 일본해군과의 합동훈련 중 외계인이 침략해온다는 설정 때문에 욱일승천기가 극 중에 등장하여 국내에서는 좋지 않은 평가를 받기도 했다.

벤허	Ben-Hur	1959	영화

소설을 원작으로 귀족에서 노예의 지위로 추락한 주인공 유다 벤허의 고행을 다룬 영화. 1960년대 시네마스코프 시대의 걸작으로 박력 넘치는 전차들의 대결이 특히 유명하다. 현재의 관점으로 보면 기독교적이고 보수적인 시선이 부담스러울 수 있으나, 이러한 점을 감안해놓고 보더라도 모든 것을 물리적 효과로 이뤄낸 특유의 웅장함은 높이 살 만하다.

블레이드 러너	Blade Runner	1982	영화

필립 K. 딕의 소설을 원작으로 한 걸작 SF 영화. 도주한 안드로이드를 쫓으면서도, 스스로가 안드로이드이지 않을까 불안해하는 주인공의 심리가 잘 살아 있다. 비록 영화는 당대에 흥행에 실패했지만 이후 SF 장르에 막대한 효과를 미쳤다. 특히 이국적이면서 음울한 도시의 시각 이미지는 이후 사이버펑크물의 전형으로 자리 잡게 된다.

블루 라군	The Blue Lagoon	1980	영화

하이틴 스타로서 브룩 실즈의 가치를 드높인 영화. 난파되어 섬에 고립된 두 남녀의 성장과 사랑을 담고 있다. 여주인공의 노출이 잦으며 성적인 에피소드 또한 많아 당시 청소년들의 지대한 관심을 받은 영화로, 오랜 세월이 흐른 현재에도 그 시대를 보낸 이들의 추억거리로 남아 있다.

비치	The Beach	2000	영화

〈트레인스포팅〉으로 큰 반향을 일으킨 대니 보일 감독과, 〈로미오와 줄리엣〉으로 슈퍼스타가 된 레오나르도 디카프리오의 만남으로 화제가 된 영화. 태국의 해변을 배경으로 유유자적하는 삶을 살려고 했던 한 무리의 젊은 남녀가 범죄에 휘말린다는 내용을 담고 있다. 스토리의 진행이 매끄럽지 못하여 이를 비판하는 관객이 많다.

세븐	Se7en	1995	영화

데이비드 핀처 감독의 초기작. 사회에 경종을 울리기 위해 칠대 죄악을 나타내는 방식으로 사람을 죽인 살인마와 그를 쫓는 형사들의 이야기를 다루고 있다. 주인공의 아내를 죽이고 자신도 주인공의 손에 죽는 충격적인 반전으로 유명하지만, 긴장감 넘치는 인트로 장면 또한 흥미로운 볼거리인 영화이다.

소일렌트 그린	Soylent Green	1973	영화

〈벤허〉의 찰톤 헤스톤이 주인공을 맡은 SF 영화의 고전. 환경 파괴로 대부분의 인간이 신선한 음식을 섭취하지 못하고, 대체 식품인 소일렌트 그린을 주식으로 삼게 된다. 이후 소일렌트 그린을 만드는 회사의 사장이 죽임을 당하고, 진상에 접근하던 주인공은 소일렌트 그린이 사람으로 만들어졌다는 사실을 알게 된다.

스타워즈	Star Wars	1977	영화

SF라는 장르를 뛰어넘어 미국의 현대 신화가 된 고전작. 흔히 에피소드 IV로 부르는 1977년의 첫 번째 영화는 주인공 루크 스카이워커가 자신의 사명을 깨닫고 다스 베이더와 대결하여 악의 요새 데스 스타를 부수는 단순한 스토리를 담고 있다. 그러나 이 영화는 서부극, 칼싸움 영화, 그리고 SF 영화의 공중전까지 관객에게 말초적인 즐거움을 줄 수 있는 요소로 점철되어 있다.

신의 아들	–	1986	영화

박봉성의 만화를 영화화한 작품. 원작이 기업만화의 성격이 강하다면, 영화는 스포츠 영화의 성격이 더 두드러진다. 다만 동시대의 인기작인 〈이장호의 외인구단〉의 영향을 받아 비장미가 지나치게 강조되었으며, 이것이 작품의 호불호를 가르는 원인이 된다.

써니	–	2011	영화

어린 시절 함께 어울려 지내던 다소 불량한 소녀들이 모종의 사건으로 헤어지게 되고, 이후 성인이 되어 과거를 회상한다는 평범한 스토리의 영화. 〈건축학개론〉과 더불어 2010년대 영화계의 복고 열풍을 주도한 작품으로 평가된다.

아바타	Avatar	2009	영화

〈늑대와 춤을〉을 연상시키는 평범한 스토리보다도 압도적인 비주얼로 찬사를 받은 영화. 구시대의 유물로 여겨졌던 3D 입체화면을 현대에 되살린 것으로도 유명하다. 다만 스토리는 빈틈투성이로, '외계인의 신체를 완벽하게 만들어낼 수 있으면서 왜 반신불수인 주인공을 일으켜 세우진 못하는가'란 필자의 의문에 답을 해준 이는 아무도 없었다.

아이, 로봇	I, Robot	2004	영화

로봇이 자아를 가지게 된다면 어떤 일이 벌어질 것인지에 대해서 진지하게 접근한 영화. 또하나의 주인공이라 할 수 있는 로봇 써니가 다른 로봇을 이끌고 가는 장면은 감동적이기까지 하다. 그러나 액션신만 놓고 보면 다소 자극이 약한 영화라고 평가할 수 있겠다.

에이리언	Alien	1979	영화

1970년대 이미 낡은 소재로 여겨졌던 외계생명체와 인간의 대결을 박진감 넘치게 그려낸 영화. 우주선이라는 폐쇄된 공간 속에서 단 하나의 에이리언이 벌이는 살육은 이 영화의 장르를 공포영화로 바꾸게 한다. 싸우는 여성 리플리를 만들어내어 페미니즘적으로도 읽히는 영화.

에이리언 4	Alien: Resurrection	1997	영화

영화 〈잃어버린 아이들의 도시〉를 통해 특유의 상상력을 뽐낸 장 피에르 주네 감독의 영화. 시리즈의 주인공인 리플리는 이미 죽었으며, 사람들은 에이리언을 통해 생체병기를 만들어내는 데 성공했다는 파격적인 스토리가 눈길을 끈다. 감독 특유의 시각 이미지가 호평을 받은 영화.

연인	L'Amant	1992	영화

마그리트 뒤라스의 원작 소설을 장 자크 아노가 영화화했다. 동양인 남성과 서양인 여성의 사랑이 담담하게 그려져 있으며, 아름다운 풍광의 묘사 또한 유명하다.

왓치맨	Watchmen	2009	영화

앨런 무어의 원작 만화를 잭 스나이더 감독이 영화화했다. 원작의 이지적인 면은 많이 사라지고, 액션신의 잔인함은 더욱 증대되었다. 평가가 엇갈리는 영화지만 시각 이미지만은 세련되고 아름다우며, 다소 복잡한 클라이맥스의 장면은 이해하기 쉬운 쪽으로 개편되었다.

이장호의 외인구단	-	1986	영화

이현세의 전설적인 원작을 바탕으로 만들어진 영화. 하국상 역의 배우 권용운이 흑인 혼혈임을 보여주기 위해 얼굴에 먹칠을 한 분장을 하는 등 만듦새가 다소 조악하지만, 과장된 비장미와 주제가의 대대적인 인기에 힘입어 한 시대를 풍미한 영화이다. 부드러운 이미지의 배우 안성기가 냉혹한 승부사인 손병호 감독 역할을 맡은 것이 눈에 띈다.

이티	E.T.	1982	영화

전 세계적으로 큰 인기를 얻은 SF 영화의 고전. 외계인 E.T.와 소년의 우정을 다루고 있다. 어른의 추적을 피해 도망가던 주인공 무리의 자전거가 하늘을 나는 장면으로도 유명하다. 이 영화는 적대자인 외계인이 인류의 친구가 될 수 있음을 다루었다는 점에서 이전의 SF 영화와 큰 차이를 보인다.

인셉션	Inception	2010	영화

크리스토퍼 놀란 감독의 2010년작 SF 영화. 아내를 죽였다는 누명을 쓴 주인공이 사회에 복귀하기 위해 기업간 암투에 뛰어들면서 벌어지는 일들을 그려내었다. 꿈속의 꿈이라는 다소 복잡한 설정을 다루는 것에 비해 영화 속에서 설명이 충분하지 않아, 스토리가 여러 가지 방향으로 해석될 수 있다.

지옥의 묵시록	Apocalypse Now	1979	영화

〈플래툰〉과 월남전을 다룬 영화 중 첫 손에 꼽히는 문제작. 전쟁 도중 탈영하여 자신의 왕국을 건설한 커츠 대령과 그를 쫓는 윌라드 대위를 다루었다. 전쟁으로 인해 변모하는 여러 군상을 디테일하게 담아냈으며, 절정부의 섬뜩한 시각 이미지로도 명성이 높다.

코쿤	Cocoon	1985	영화

외계인과의 조우를 긍정적으로 다룬 론 하워드 감독의 영화. 론 하워드 감독은 이후 〈뷰티풀 마인드〉나 〈다빈치 코드〉 등의 영화로 인기를 얻게 된다. 영화의 주된 스토리는 양로원의 노인과 외계인간의 우정으로 점철되어있지만, 외계인이 인간 거죽을 벗는 다소 그로테스크한 장면이 관객들 사이에 유명하다.

클라우드 아틀라스	Cloud Atlas	2012	영화

동명의 소설을 원작으로 한 영화. 다른 시대 다른 인물의 삶이 윤회를 통해 서로 얽혀 있으며, 이들은 모두 동시대의 편견에 맞서 싸우는 의미 있는 삶을 살았다는 것을 스토리의 주된 내용으로 삼는다. 각 에피소드는 서로 뒤섞여 있어 수용자에게 불친절한 구성을 하고 있으며, 배우들의 분장이 썩 어울리지 않는 경우가 있어 관객의 호불호가 갈린다.

트랜스포머: 사라진 시대	Transformers: Age of Extinction	2014	영화

〈트랜스포머〉 실사영화 시리즈의 새로운 시작을 알리는 영화. 트랜스포머를 제외한 인간 주역은 대부분 교체되었으며 새로운 적과 이들에 대항하는 새로운 힘이 등장한다. 기사의 모습으로 변모한 옵티머스 프라임에 대해서는 좋지 않은 평도 존재하지만, 그림록을 타고 벌이는 마지막 액션신은 통쾌하기 그지없다.

파라다이스	Paradise	1982	영화

왕년의 하이틴 스타 피비 케이츠가 출연하는 영화. 낙도에 어린 남녀가 고립되어 성장한다는 내용이 〈블루 라군〉과 판박이로, 철저하게 주연인 피비 케이츠의 매력에 의지하는 영화이다. 이후 그녀는 〈그렘린〉 등의 영화에 등장하며 인기를 얻지만 성인 연기자로 자리 잡는데 실패하며 관객의 기억 속에서 잊혀지게 된다.

패트리어트 – 늪 속의 여우	The Patriot	2000	영화

아들을 잃고 독립운동에 투신한 주인공 벤자민 마틴의 활약을 다룬 영화. 감독 롤랜드 에머리히는 과장된 시각 이미지로 유명하지만 이 영화에서는 다소 절제된 모습을 보여준다. 영화가 전반적으로 주인공 역할을 맡은 배우 멜 깁슨의 유명작 〈브레이브 하트〉와 닮았다. 이는 독립운동을 다룬 두 영화의 공통된 소재에서 기인한 것이다.

프로메테우스	Prometheus	2012	영화

리들리 스콧이 30여년 만에 다시 다루는 〈에이리언〉 시리즈의 프리퀄. 인류의 기원은 무엇이며, 에이리언은 어디에서 온 존재인지를 다루고 있다. 긴박한 스토리도 흥미진진하지만, 본 작품의 주된 외계인인 '엔지니어'가 시리즈 내내 의문의 존재로 여겨진 스페이스 자키의 모습으로 변하는 절정부의 시각 이미지는 오랫동안 시리즈를 지켜본 마니아들에게는 크나큰 선물이다.

플래툰	Platoon	1986	영화

올리버 스톤 감독의 출세작이자 월남전 참전 경험이 있는 그의 자전적인 이야기를 다룬 영화. 대학생 출신인 주인공이 월남전에서 겪은 충격적인 일화를 다룬다. 일라이어스 역을 맡은 윌렘 데포가 죽음의 순간 하늘을 향해 양 팔을 치켜들고 절규하는 장면과, 영화 절정부에 폭격으로 위기를 벗어나는 주인공의 모습이 인상 깊은 영화이다.

하이 눈	High Noon	1952	영화

프레드 진네만이 감독하고 게리 쿠퍼가 주연을 맡은 고전 서부극. 은퇴를 앞둔 보안관인 주인공과 그에게 앙갚음을 하려는 무리들간의 대립을 다루고 있다. 아무도 도와주지 않는 고립된 주인공의 처지가 인상적인 작품으로, 빌 클린턴을 비롯한 역대 미국 대통령들이 첫 손에 꼽는 서부극이라 한다.

향수	Perfume: The Story Of A Murderer	2006	영화

파트리크 쥐스킨트가 쓴 동명의 소설을 원작으로 한 영화. 완벽한 향수를 얻기 위해 살인도 불사하는 한 남자의 일생을 다루었다. 영화는 소설의 내용을 충실히 옮겼으며, 특히 집단적으로 혼란 상태에 빠져드는 절정부의 장면이 유명하다.

헐크	Hulk	2003	영화

마블의 유명 슈퍼히어로인 헐크를 대만 출신의 이안 감독이 색다르게 해석한 영화. 이안 감독은 헐크를 강력한 히어로가 아닌 가족 관계에 갇힌 우울한 존재로 그려냈다. 화끈한 액션이 부족했던 이 영화는 당대에 좋은 평가를 받지 못했으나, 이후 컬트적인 팬을 양산하며 오늘에 이르고 있다.

화성인 지구 정복	They Live	1988	영화

컬트적인 인기를 얻은 존 카펜터 감독의 영화로 프로레슬러 출신의 배우 로디 파이퍼가 주인공을 맡은 것으로도 유명하다. LA 전역이 이미 인간으로 위장한 외계인에 장악되어 있음을 알게 된 주인공 멕은 폭력적인 방식으로 외계인을 사냥하고 다닌다.

기동전사 건담	機動戦士ガンダム	1979	애니메이션

일본 로봇 애니메이션계의 전설적인 작품이자 대표적인 콘텐츠 프랜차이즈 중 하나로 자리 잡은 〈기동전사 건담〉 시리즈의 첫 번째 작품. 우연히 전쟁에 휘말린 소년 아무로가 '뉴타입'으로 각성해 건담을 타고 전쟁을 승리로 이끈다는 스토리를 담고 있다. 〈스타워즈〉의 초기 트릴로지와 더불어 SF 마니아들에게 하나의 경전으로 자리 잡은 작품.

나왔습니다! 파워퍼프걸Z!	出ましたっ!パワパフ ガールズＺ	2006	애니메이션

전 세계적으로 인기를 모은 미국 애니메이션 〈파워퍼프걸〉을 일본의 토에이에서 리메이크한 작품. 주인공들이 유기물을 기반으로 별다른 과정을 거치지 않고 만들어졌으며, 큰 고민 없이 폭력을 휘두르는 등 전반적으로 쿨한 분위기가 가득한 원작과 비교했을 때 평범한 일본 애니메이션의 형태로 제작되어 비난을 샀다. 동일한 소재를 바라보는 미·일 양국의 관점 차이를 비교해 볼 수 있는 작품.

돼지의 왕	–	2011	애니메이션

〈부산행〉으로 많은 관객을 모은 연상호 감독의 초기 대표작. 중학교를 사회의 축소판으로 보고 폭력과 무리 지음에 익숙한 아이들의 모습을 비춰 관객으로 하여금 우리 스스로를 되돌아보게끔 하는 애니메이션이다. 국내 시장에서는 보기 드물게 성인용 애니메이션으로 제작되었으며 잔인한 장면이 자주 등장한다.

마동왕 그랑조트	魔動王グランゾート	1989	애니메이션

위기에 처한 달을 구하기 위해 세 명의 소년이 로봇을 소환하여 싸운다는 심플한 스토리를 지닌 애니메이션. 비디오와 SBS 방영을 통해 유독 국내에서 큰 인기를 얻었으며, 경쾌한 음악은 당시 이 애니메이션을 시청한 세대의 뇌리에 인상 깊게 남아 있다. 정작 애니메이션이 만들어진 일본에서는 한국만큼 큰 인기를 얻지 못하여, 〈초신성 플래시맨〉의 경우와 더불어 한·일 간 선호도 차이를 가늠할 수 있게 하는 작품.

사일런트 뫼비우스	サイレントメビウス	1991	애니메이션

아사미야 키아가 그린 동명의 SF 만화를 원작으로 하는 극장용 애니메이션. 원작의 프롤로그 부분을 바탕으로 하여 각기 고유의 능력을 지닌 여성들이 요괴들과 싸우는 내용이 주가 된다. 〈블레이드 러너〉의 영향을 받은 것은 원작과 비슷하나 본 애니메이션은 그것을 더욱 일본풍으로 바꿔 이후 이와 유사한 만화, 애니메이션, 게임 등에 적지 않은 영향을 미쳤다.

싸워라! 초 로봇생명체 트랜스포머 빅토리	戦え!超ロボット生命体 トランスフォーマーＶ	1989	애니메이션

1989년 TV 방영한 일본 고유의 〈트랜스포머〉 애니메이션. 변신하는 장면에 세밀하게 공을 들이고, 등장 로봇 중 상당수가 합체 기능을 지니는 등 일본 로봇 애니메이션 특유의 설정이 많이 포함되어 원작이라 할 수 있는 〈트랜스포머〉 시리즈와는 어느 정도 차별화된 결과물을 선보였다. 이후 방영된 〈용자 엑스카이저〉를 위시로 한 용자 시리즈의 프로토타입을 제시한 것으로도 유명한 작품.

애니매트릭스	The Animatrix	2003	애니메이션

영화 〈매트릭스〉의 1편과 2편을 직접 잇는 〈오시리스 최후의 비행〉을 포함하여 총 여덟 편의 애니메이션이 수록된 작품. 〈매트릭스〉 시리즈가 여러 미디어 형태로 출시된 문화콘텐츠 모두를 즐겨야 하나의 완결된 스토리를 습득할 수 있는 트랜스미디어 스토리텔링의 대표적인 예시로 남는데 지대한 영향을 미친 애니메이션이다.

우주의 기사 테카맨	宇宙の騎士テッカマン	1975	애니메이션

외계의 침략으로 지구 멸망이 머지않은 비장한 분위기 속에서 고군분투하는 테카맨 일행을 다룬 애니메이션. 〈독수리 오형제〉를 만든 타츠노코 프로덕션 작품 중에서도 유독 스토리가 음울하며, 내용이 완전히 마무리되지 않은 상태에서 끝나는 것으로도 유명하다.

초시공요새 마크로스	超時空要塞マクロス	1982	애니메이션

변신로봇과 거대전함 그리고 아이돌이라는 이질적인 요소들을 한 곳에 모아 공전의 히트를 기록한 SF 애니메이션. 지구를 침략한 거인족 젠트라디에 맞서 싸우는 마크로스 일행의 사투를 세련된 방식으로 그려냈다. 지금도 꾸준히 후속작이 방영되는 인기 콘텐츠 프랜차이즈 중 하나이다.

초시공요새 마크로스: 사랑·기억하고 있습니까	超時空要塞マクロス 愛·おぼえていますか	1984	애니메이션

1982년에 방영된 TV판을 기반으로 이를 새롭게 리메이크한 극장용 애니메이션. 짧은 러닝 타임에 맞게 스토리를 전면적으로 수정하였으나, 오히려 이해하기 쉬운 형태로 바뀌었다. 화려한 시각 이미지와 아름다운 노래가 함께 어우러져 지금도 오랜 팬들의 열광적인 지지를 얻고 있는 1980년대의 대표 애니메이션.

투사 고디안	闘士ゴーディアン	1979	애니메이션

〈독수리 오형제〉, 〈우주의 기사 테카맨〉 등을 만든 타츠노코 프로덕션의 로봇 애니메이션. 서부극과 같은 황량한 사막을 배경으로 외계인과의 싸움을 그려내고 있으나, 분위기가 기존 작품들에 비해 가벼워진 것이 특징이다. 로봇 마니아들 사이에서는 러시아 전통인형인 마트료시카(Матрёшка)처럼 겹겹이 쌓이는 주역 로봇 고디안이 유명하다.

트랜스포머 더 무비	The Transformers: The Movie	1986	애니메이션

〈트랜스포머〉의 첫 번째 TV 시리즈의 내용을 잇는 극장용 애니메이션. 별을 먹는 거대 트랜스포머인 유니크론과 오토봇의 대립을 다루고 있다. 핫로드, 울트라 매그너스, 갈바트론 등 이 작품에서 처음 등장한 인기 캐릭터들도 많으며, 이들을 부각시키기 위해 애니메이션 초반에 TV 시리즈의 주인공인 옵티머스 프라임을 죽여버리는 파격적인 스토리 전개를 택한 것으로도 널리 알려져 있다.

트랜스포머: 로봇 인 디스가이즈	Transformers: Robots in Disguise	2015	애니메이션

〈트랜스포머〉를 최근 트렌드에 맞게 다시 그려낸 〈트랜스포머 프라임〉의 정식 후속작. 전작인 〈트랜스포머 프라임〉에 비해 다소 분위기가 가벼워졌으며, 완구의 제작을 위해 변신 과정 또한 단순화되었다. 아동 취향으로 회귀하여 화려한 것을 좋아하는 기존 〈트랜스포머〉 팬들에게는 반감을 산 애니메이션.

파이어 앤 아이스	Fire and Ice	1983	애니메이션

랄프 벅시의 기념비적인 애니메이션으로 불과 얼음을 상징하는 두 무리의 대립을 다루고 있다. 흡사 실사영화를 보는 것과 같은 부드러운 움직임을 선보이는데, 이는 필름을 밑그림 삼아 애니메이션을 만드는 로토스코핑이라는 기법을 사용했기 때문이다.

대마계촌	大魔界村	1988	게임

높은 난이도로 이름이 높았던 〈마계촌〉의 후속작. 난이도가 전편보다 낮아졌으며 시각 이미지와 사운드 또한 향상되었다. 마왕에게 납치된 공주를 구출하는 단순한 스토리를 채용한 것과 두 번 반복해서 클리어해야 진짜 엔딩을 볼 수 있는 게임의 구성은 전작과 동일하다.

던전 앤 드래곤	Dungeons & Dragons	1974	보드게임

게리 가이객스가 개발한 유명 TRPG. 플레이어는 던전 마스터로 불리는 게임 진행자의 안내를 구두로 받아, 정해진 맵 안에서 보물을 찾고 함정을 피하며 괴물과 싸우는 등의 모험을 펼친다. 전 세계적으로 적지 않은 팬을 보유하고 있으며, 오늘날 우리가 즐기는 컴퓨터 또는 비디오 게임기용 RPG에 적지 않은 영향을 미쳤다.

둠	DOOM	1993	게임

동시의 〈울펜슈타인 3D〉와 더불어 FPS(1인칭 슈팅 게임) 장르를 정립한 전설적인 작품. 플레이어는 주인공 '둠가이'를 조작해 화성을 장악한 괴물들과 싸우며 지옥문을 닫기 위해 모험을 펼친다. 특유의 잔인한 시각 이미지가 유명하며, 2016년 동명의 신작이 등장하는 등 콘텐츠 프랜차이즈로도 이름이 높다.

드래곤나이트4	ドラゴンナイト4	1994	게임

엘프사에서 제작한 RPG인 〈드래곤나이트〉 시리즈의 네 번째 작품. 기존작과 달리 〈파이어 엠블렘〉 시리즈와 같은 SRPG의 형태를 띠며, 성인용 게임이지만 게임 자체의 재미에도 신경을 썼다. 주인공의 조력자가 미래에서 온 주인공이었다는 반전으로도 널리 알려진 게임.

디아블로2	Diablo II	2000	게임

간편한 조작과 시원한 타격감, 방대한 수집요소 등으로 국내에서도 큰 인기를 모은 게임. 주인공은 자신의 종족을 선택하여 부활한 디아블로와 맞서 싸운다. 던전의 음침한 분위기가 잘 살아있으며, 종족별 능력의 차이를 분명하게 두어 동일한 게임을 플레이하더라도 상대적으로 신선한 기분을 느낄 수 있도록 고안하였다.

엔터 더 매트릭스	Enter the Matrix	2003	게임

〈애니매트릭스〉처럼 트랜스미디어 스토리텔링을 즐길 수 있게 고안된 〈매트릭스〉 시리즈의 파생 콘텐츠. 플레이 자체는 단조롭지만 〈매트릭스〉 특유의 연출을 게임에서도 경험할 수 있도록 고민한 흔적이 보인다. 다만 국내에서 이 게임을 끝까지 플레이한 사람은 그다지 많지 않으며, 대부분의 〈매트릭스〉 팬들은 영화의 파편화된 스토리에 당혹감을 느꼈다.

울티마	Ultima	1980	게임

리처드 개리엇이 만든 초창기 CRPG의 걸작. 소사리아라는 행성에 지구인이 떨어지면서 겪게 되는 모험을 다루고 있다. 동시대의 CRPG와 다르게 캐릭터를 직접 조작하여 필드를 이동하는 인터페이스가 플레이어에게 적지 않은 충격을 주었다고 한다. 다만 〈울티마 온라인〉을 마지막으로 지금은 시리즈의 명맥이 끊어진 상태이다.

울펜슈타인 3D	Wolfenstein 3D	1992	게임

id소프트의 유명 FPS 게임으로 동명의 컴퓨터용 잠입 게임을 FPS로 리메이크하였다. 1인칭 시점에서 보여지는 부드러운 화면전환과 박력 넘치는 총격 장면이 인상적인 게임. 숨겨진 통로와 아이템, 과격한 형태의 몬스터 등 이후 발매된 〈둠〉의 기반을 닦은 게임으로도 유명하다.

워크래프트III	Warcraft III	2002	게임

〈스타크래프트〉 이전 블리자드사의 주력이었던 〈워크래프트〉 시리즈의 세 번째 작품. 그래픽을 3D로 일신하였으며, 선택할 수 있는 종족의 수도 늘려 세계관을 확장하였다. 발매된 당시 국내에는 프로리그가 활성화되는 등 인기를 모았으며, 이후 발매된 MMORPG 〈월드 오브 워크래프트〉에도 적지 않은 영향을 미쳤다.

월드 오브 워크래프트	World of Warcraft	2004	게임

국내를 비롯하여 전 세계적으로 큰 인기를 모은 MMORPG. 〈워크래프트〉 시리즈를 기반으로 방대한 세계관을 설정하였으며, 레벨업 위주의 게임 플레이에서 벗어나고 인스턴스 던전을 대중화시키는 등 진보된 MMORPG의 전형을 제시하였다.

전국 에이스	戦国エース	1993	게임

사이쿄에서 제작한 슈팅 게임. 일본의 전국시대를 배경으로 각기 다른 캐릭터가 자신의 목적을 위해 싸운다는 스토리를 담고 있다. 실질적인 전작이라 할 수 있는 〈소닉윙스〉의 특징을 그대로 담고 있는데, 간편한 파워업과 빠른 스크롤, 변신하는 거대 보스와의 싸움 등이 이에 해당된다.

전국 블레이드	戦国ブレード	1996	게임

전작과 3년의 차이를 두고 발매된 〈전국 에이스〉의 속편. 전편이 아래에서 위로 스크롤이 진행되는 종스크롤인데 비해서, 〈전국 블레이드〉는 횡스크롤로 변경되었다. 주요 캐릭터인 코요리를 비롯하여 게임 내 시각 이미지의 선정성이 전편에 비해 강화되었다.

트랜스포머: 워 포 사이버트론	Transformers: War for Cybertron	2010	게임

애니메이션 〈트랜스포머 프라임〉과 동일한 세계관을 지닌 게임. 3인칭 시점의 슈팅 게임인 TPS의 형태를 띠고 있다. 〈기어 오브 워〉 등 동시대의 TPS와 유사한 형식이지만 변신을 자유롭게 하며 게임을 풀어나가는 트랜스포머 고유의 특징 또한 지니고 있다. 후속작인 〈트랜스포머: 폴 오브 사이버트론〉과 더불어 인기를 모은 작품.

폴아웃	Fallout	1997	게임

TRPG인 겁스에서 영감을 얻은 SF CRPG. CRPG의 전통에 충실하여 자유도가 매우 높다. 플레이어는 특정한 사건을 접하면 이를 대화나 폭력, 사기 등으로 해결할 수 있다. 핵전쟁으로 멸망한 미래를 유머러스하게 그려낸 세계관도 매력적으로, 이는 이후 〈폴아웃 3〉를 비롯한 후속작에 계승된다.

폴아웃 3	Fallout 3	2008	게임

개발사가 베데스다 게임 스튜디오로 변경된 〈폴아웃〉 시리즈의 세 번째 작품. 베데스다 게임 스튜디오의 유명작 〈엘더스크롤〉 시리즈와 유사한 인터페이스를 갖추었으나, 〈폴아웃〉 시리즈 고유의 분위기를 잘 살려 큰 인기를 얻었다. 유래를 찾기 힘든 폭력묘사로도 지명도가 높은 게임.

폴아웃 4	Fallout 4	2015	게임

7년여 만에 발매된 〈폴아웃〉 시리즈의 최신작. 주인공은 전재 전 냉동 보존되어 수백 년 뒤에 깨어나게 된다. 이후 황무지를 모험하며 아내를 죽이고 아이를 납치한 자들이 누구인지 찾게 된다. 전작에 비해 그래픽이 강화되었으나 스토리가 다소 뜬금없고, 무기 정비 등의 세세한 면이 부족하다는 평이 많다.

하프 라이프	Half-Life	1998	게임

FPS에 스토리텔링을 효과적으로 도입한 밸브 코퍼레이션의 기념비적 작품. 모종의 실험을 통해 외계의 문이 열리고, 주인공 고든 프리맨은 이들과 맞서 싸우게 된다. 별도의 동영상이 아닌 게임 그래픽을 그대로 연출에 활용하여 플레이어의 몰입도를 높인 것으로 유명한 작품이다.

대조영	–	2006	드라마

발해의 건국영웅으로 일컬어지는 대조영의 영웅담을 다룬 KBS1의 대하사극이다. 주인공 대조영뿐만 아니라 악역인 설인귀 등도 매력적으로 다루어지고 있으며, 나라를 세우기 위한 대조영 일행의 고행이 설득력 있게 그려지고 있다. 다만 이전의 인기작인 〈왕건〉, 〈해신〉 등과 그 구조 및 내용이 유사하여 이에 대한 피로감을 호소하는 시청자들도 있었다. 이는 이후 동일한 형태를 지닌 드라마 〈대왕의 꿈〉 등이 시청률 부진을 겪게 되는 원인으로 지목된다.

대왕 세종	–	2008	드라마

KBS1의 대하사극으로 세종대왕의 일대기를 다룬 드라마이다. 세종대왕의 군주로서의 고뇌를 심도 있게 다루었으나 직접적인 대립이 부족하여 시청자들에게 다소간 지루함을 안겨주기도 했다. 정통사극의 입지가 예전 같지 않음을 상징적으로 보여주었던 작품.

뿌리 깊은 나무	–	2011	드라마

영화배우 한석규를 주연으로 하여 한글 창제에 얽힌 암투를 다룬 퓨전 사극. 긴장감 넘치는 극의 전개가 큰 인기를 모았으며, 지식의 개방을 어떻게 다룰 것인가라는 작품의 주제가 동시대인들의 공감을 샀다. 퓨전 사극의 형태를 띠면서도 진중한 분위기를 시종일관 유지한 보기 드문 작품.

용의 눈물	–	1996	드라마

KBS 대하사극의 위상을 정립한 것으로 평가되는 드라마. 이성계 역을 맡은 김무생과 이방원 역을 맡은 유동근의 호연으로도 유명하다. 시청자들에게 익히 알려진 조선 건국 초창기의 일화를 무게감 있게 그려내고 있으며, 왕자의 난과 함흥차사 등의 일화도 흥미롭게 다루었다. 〈정도전〉, 〈육룡이 나르샤〉를 비롯한 동일한 시대를 다룬 드라마에 적지 않은 영향을 미친 작품.

응답하라 1997	–	2012	드라마

〈응답하라〉 시리즈의 첫 번째 작품으로 연예인을 쫓아다니던 소녀들의 우정과 사랑을 그리고 있다. 시리즈 중 가장 최근의 시간대를 다루고 있으며 에이핑크 소속 아이돌인 정은지를 스타덤에 올려놓은 것으로도 유명하다. 시대상황과 가족의 소중함을 스토리의 주요 소재로 다루고, 사투리 연기를 보여주며, 사랑의 결과를 숨겨놓는 등의 시리즈 특징을 정립한 작품

응답하라 1994	–	2013	드라마

시리즈의 두 번째 작품으로 다사다난했던 90년대 중반을 살았던 젊은이들의 이야기를 다루고 있다. 상대적으로 덜 알려진 배우였던 정우를 스타의 반열에 올려놓았으며, 전작이 정립한 여러 요소들을 더욱 드라마틱하게 활용하였다.

응답하라 1988	–	2015	드라마

시리즈의 세 번째 작품으로 현재 나온 개별 작품 중 가장 옛 시간대를 다루었다. 〈응답하라 1997〉의 경우와 마찬가지로 걸스데이 소속 인기 아이돌인 혜리를 주인공으로 기용하여 인기몰이를 하였다. 다만 시리즈가 거듭되면서 비슷한 상황이 자주 다루어져 시청자에게 식상함을 느끼게 하는 경우도 적지 않았다.

주몽	–	2006	드라마

고구려를 건국한 주몽의 일대기를 다룬 MBC 사극. KBS 대하사극에 비해 퓨전사극에 형태를 띠나, 크게 무리함이 없이 스토리를 풀어내어 호평을 받았다. 드라마의 성공으로 주역을 맡은 송일국과 한혜진 또한 큰 인기를 얻었으며, 삼족오 등의 문양을 대중에게 각인시키는 역할도 하였다.

참고문헌

국내문헌

김기홍, 『디지털만화 공정유통의 개념정립과 모델링 연구』, 한국만화영
　　　상진흥원, 2012.

_____, 『만화로 보는 미국』, 살림, 2005.

남승연, 「만화 원작 TV 드라마 연구」, 『드라마연구』 제26호, 한국드라
　　　마학회, 2007.

라제기, 「계급 사회, 한국의 현실에 대한 정밀 보고서」, 『플랫폼 31』,
　　　인천문화재단, 2012.

박치완 외, 『키워드 100으로 읽는 문화콘텐츠 입문사전』, 꿈꿀권리,
　　　2013.

박치완, 「질베르 뒤랑의 제3의 논리와 시니피에의 인식론」, 『철학연구』
　　　제39집, 고려대학교 철학연구소, 2010.

배인규, 「'욱일승천기' 나부끼는 〈배틀쉽〉이 킬링타임용인 이유」, 『오
　　　마이뉴스』, 2012.04.16.

서유석, 「클라우드 아틀라스 - 인간의 존엄 위한 "자유의지" 노래」, 『통
　　　일한국』 2013년 2월호, 평화문제연구소, 2013.

아리스토텔레스, 『시학』, 이상섭 옮김, 문학과지성사, 2005.

오시로 요시타케, 『만화의 문화기호론』, 김이랑 옮김, 1996.

유제상, 「질베르 뒤랑과 글로컬문화콘텐츠」, 『철학과 문화』 제25집, 한

국외국어대학교 철학연구소, 2012.

이재성, 「돼지의 왕 - 학교는 사회의 축소판이라는 불편한 진실」, 『우리
　　　교육』 2012년 3월호, 우리교육, 2012.

이현세, 『공포의 외인구단 제1~6권』, 고려가, 1986.

이후경, 「재핑의 공허함」, 『씨네21』, 2013.01.15.

인문콘텐츠학회, 『문화콘텐츠 입문』, 북코리아, 2006.

진형준, 『상상적인 것의 인간학: 질베르 뒤랑의 신화 방법론 연구』, 문
　　　학과지성사, 1992.

최샛별·최흡, 『만화, 문화사회학적 읽기』, 이화여자대학교출판부, 2009.

한국독립영화협회, 「돼지의 왕」, 『48회 독립영화 쇼케이스』 간행물, 2012.

B. 링컨, 『신화 이론화하기』, 김윤성·최화선·홍윤희 옮김, 이학사, 2009.

C. 젠크스, 『시각문화』, 이호준 옮김, 예영커뮤니케이션, 2004.

C.G. 융 외, 『인간과 상징』, 이윤기 옮김, 열린책들, 1996.

C.G. 융, 『융 기본 저작집 2 원형과 무의식』, 한국융연구원 C.G. 융 저
　　　작 번역위원회 옮김, 솔출판사, 2002.

D. 보드웰·K. 톰슨, 『영화예술』, 주진숙·이용관 옮김, 이론과실천,
　　　1993.

H. 젠킨스, 『컨버전스 컬처』, 비즈앤비즈, 2008.

J. 켐벨, 『천의 얼굴을 가진 영웅』, 이윤기 옮김, 평단문화사, 1985.

J. 호이징하, 『호모 루덴스』, 김윤수 옮김, 까치, 1993.

J.D. 볼터·R. 그루신, 『재매개: 뉴미디어의 계보학』, 이재현 옮김, 커뮤
　　　니케이션북스, 2008.

M. 스터르큰·L. 카트라이트, 『영상문화의 이해』, 윤태진·허현주·문경원 옮김, 커뮤니케이션북스, 2006.

M. 엘리아데, 『영원회귀의 신화』, 심재중 옮김, 이학사, 2003.

_____, 『이미지와 상징』, 이재실 옮김, 까치, 1998.

N. 미르조에프, 『비주얼 컬처의 모든 것』, 임산 옮김, 홍시커뮤니케이션, 2009.

P. 웰스, 『애니마톨로지』, 한창완·김세훈 옮김, 한울아카데미, 2001.

V. 프로프, 『민담형태론』, 유영대 옮김, 새문사, 1987.

해외문헌

B.W. Shaffer, *The Encyclopedia of Twentieth-Century Fiction*, Blackwell Publishing, 2011.

C. Robichaud, "THE SUPERMAN EXISTS, AND HE IS AMERICAN: MORALITY IN THE FACE OF ABSOLUTE POWER", *Watchmen and Philosophy: A Rorschach Test*, John Wiley & Sons, 2009.

D. Kushner, *Masters of Doom*, Random House, 2003.

G. Durand, *Introduction à la mythologie. Mythes et sociétés*, Albin Michel, 1995.

_____, *Les Structures anthropologiques de l'imaginaire*, P.U.F., 1960.

J.S. Lawrence & R. Jewett, *The Myth of the American Superhero*, William B. Eerdmans Publishing Company, 2002.

K. Jagernauth, "Village Voice Names 'Cloud Atlas' The Worst Film Of 2012", *IndiWire*, December 27, 2012.

L. Boia, *Pour une histoire de l'imaginaire*, Les Belles Lettres, 1998.

_____, *Quand les centenaires seront jeunes: L'imaginaire de la longétivité de l'Antiquité à nos jours*, Les Belles Lettres, 2006.

L. Foster, *Fantasy*, Harlequin Enterpises AU, 2012.

R. Williams, *Keywords*. Fontana, 1983.

M. Dipaolo, *War, Politics and Superheroes: Ethics and Propaganda In Comics and Film*, McFarland, 2011.

N. Frye, *Anatomy of Criticism*, Princeton U. Press, 1957.

R. Ebert, "Roger Ebert Cloud Atlas Review", *Chicago-Sum Times*, October 25, 2012.

S. McCloud, *Reinventing Comics: How Imagination and Technology Are Revolutionizing an Art Form*, HarperCollins, 2000.

U. Eco, "Cassablanca: Cult Movies and Intertextual Collage", *Travels in Hyperreality*, Harcourt Brace, 1986.

문화콘텐츠와 원형이론 강의

초판 1쇄 발행 2017년 4월 10일

지은이 l 유제상
펴낸이 l 김재현
펴낸곳 l **컨텐츠하우스**

출판등록 l 2009년 10월 14일 제300-2009-126호
주 소 l 서울 은평구 진흥로67 (역촌동, 5층)
전 화 l 02-734-0981
팩 스 l 0504-398-0934
이메일 l editor@oceo.co.kr

ISBN l 979-11-955498-3-2

이 도서의 국립중앙도서관 출판예정도서목록(CIP)은 서지정보유통지원시스템 홈페이지
(http://seoji.nl.go.kr)와 국가자료공동목록시스템(http://www.nl.go.kr/kolisnet)에서 이용하실 수
있습니다. (CIP제어번호 : CIP2017007966)

잘못된 책은 구입하신 곳에서 바꾸어드립니다.
책값은 뒤표지에 있습니다.